바보남자 바보여자

이제는 연애보다 사랑이 하고 싶다

바보남자 바보여자

초판 발행 2011년 8월 9일
개정판 2쇄 발행 2012년 1월 20일

지은이 김지연
펴낸이 공상숙
펴낸곳 마음세상
주 소 경기도 파주시 책향기로 337 306-401
전 화 031)941-5137
팩 스 031)947-5138

신고번호 제406-2011-000024호
신고일자 2011년 3월 7일

ISBN 978-89-97585-02-1 (03810)

홈페이지 http://maumsesang.blog.me
전자우편 maumsesang@naver.com

*가격은 뒷표지에 있습니다.
* 이 책은 저작권의 보호를 받는 저작물이므로 무단전재와 무단복제를 금지하며, 이 책 내용의 전부 또는 일부를 이용하려면 반드시 저작권자와 마음세상의 서면 동의를 받아야 합니다.
* 잘못 만들어진 책은 구입하신 서점에서 바꾸어 드립니다.

저희 마음세상은 독자 여러분의 의견에 항상 귀 기울이고 있습니다.
반짝이는 아이디어나 책으로 만들고자 하는 원고가 있다면 언제든 문을 두드려 주세요.

바보남자바보여자

김지연 지음

마/음/세/상

추천사

어쩌면 우리 모두가 바보인 듯합니다. 늘 곁에 있다고 생각하다 떠난 뒤에야 그대가 날 사랑했음을 알아차리지요. 우린 이미 바보 같은 사랑을 하고 있었는지도 모르겠네요.

_sexy낭이 (28세, 광고업)

매일 아침, 전철에서 스마트폰으로 작가님의 블로그를 보며 출근합니다. 언제나 환한 미소를 짓게 하는 글, 고맙습니다.

_그향기 (29세, 회사원)

읽으면서 너무너무 좋은 내용들로 채워져 있다는 걸 알았지만, 저에게는 조금 아팠던 기억의 재구성과 자신의 선택으로 발생된 결과를 다시 받아들이는 의미가 많았던 것 같아요. 그래서 조금씩 다시 생각해보고 마음을 추스르는 기회가 되어서 좋았답니다.

_루습히 (27세, 과외선생)

세상의 다양한 사랑에 대한 공감과 위로, 하루일과 중 문득 생각나는 이야기들……, 사랑없이 살 수 없는 이 세상 모든 사랑이야기죠.

_Suen (22세, 대학생)

이보다 더 가슴을 울리는 이야기도 있을까요? 새삼 옛 사랑을 떠올리게 되었어요. 정말, 사랑에 대한 모든 감정들을 느낄 수 있어서 좋았어요.

_줄리엣 (28세, 연구원)

살며시 내리는 이슬비가 입고 있는 옷을 적시듯, 마음 속 깊은 곳까지 적셔주는 이야기입니다.

_도플파란 (30세, 대학원생)

신문을 통해 작가님을 처음 알게 되었습니다. 연애문제로 힘들어 할 때 상담도 해주셔서 많은 도움을 받았습니다. 사랑과 헤어짐, 그 때문에 상처받았던 마음까지도 치유되었습니다. 정말 사랑의 행복과 이별의 아쉬움, 연인간의 사소한 갈등과 감정까지도 촉촉히 느낄 수 있는 아름다운 글입니다.

_미란 (31세, 자영업)

'그리우니까 사랑이다'를 읽고 작가님의 팬이 되었습니다. 작가님께서 매주 보내주시는 '긍정편지'를 읽으며 용기와 희망을 얻습니다. 이 글을 읽는 동안 너무나도 가슴에 와 닿았고, 또 행복했습니다.

_헤라 (32세, 회사원)

프롤로그
사랑과 연애의 차이

그 사람과 싸우지 않고도 버려볼 수 있었던 적이 있나요?
상처받을 것이 두려워서 연애가 두려웠던 적이 있나요?

누군가가 말했습니다.
"이젠 연애가 아닌 사랑이 하고 싶다."
연애를 해볼 만큼 해본 사람이라면
한 번쯤 해볼 수 있는 말입니다.
사랑을 하는 것이나 연애를 하는 것이
무슨 차이가 있느냐고 물을 수 있습니다.

그런데 잘 생각해보면
사랑하는 것과 연애하는 것은 다릅니다.
연애를 한다는 것은 만나기도 전에 조건을 보는 것이고
덧없을 정도로 밀고 당기는 것이고
싸울 때도 지지 않는 것입니다.
때로는 형이상학적입니다.
먼저 호감을 가졌다가도 상대가 너무 날 좋아하면
그 자체로 불편하고 사소한 것 때문에
마음이 한 순간에 식어버리기도 하고
질투로 마음이 불길같이 타버리기도 합니다.
그 사람이 마음대로 떠나가면 미워하고 저주할 수 있습니다.
때로는 이상한 집착이 되어 스스로를 망치기도 합니다.
하지만 사랑은 그렇지 않습니다.
상대가 누구든 사랑할 것이고
사랑하니까 져줄 것이고
서로 '밀당'하는 일도 없을 것입니다.
언제든 그 사람의 행복을 축복해 줄 수도 있습니다.
헤어졌다고 남이 되는 것도 아닐 겁니다.
그 사람을 갖지 않아도 좋고 바라만 봐도 좋은 것입니다.
이제는 연애보다 사랑이 하고 싶다는 말,
그건 쓸데없는 일로 상처받기 싫다는 말일지도 모릅니다.
누군가를 사랑할 때 우리는 마음이 편합니다.
질투하고 욕망해서 힘들어지는 것입니다.
그래서 우린 사랑이 가장 필요한 것인지도 모릅니다.

사랑은 감정적인 것이지만 연애는 정치적인 것
사람이 하지 않는 사랑은 독자적으로 존재한다.
　　사람의 일로 넘 어 오 는 　순 간 ,

　각자의 마음으로 흩어져 말과 행동으로 나타나는 정치가 된다.

연애는 욕구를 채우는 것이지만, 사랑은 마음을 채우는 것!
섹스를 통해 육체적인 쾌락을 채울 수 있다.
몸뿐만 아니라 마음의 외로움도 채운다.
하지만 그 모든 것이 제대로 채워지지 않으면 불화할 수밖에 없다.
사랑은 마음을 채우는 것이다.
상대와는 상관없이 내 마음을 채 우 는   일 이 다 .

연애는 이겨도 좋은 것이지만 사랑은 져도 좋은 것
그렇다고 해서 연애할 사람,
사랑할 사람이 따로 있는 것은 아니다.
바로 그대의 연인을 사 랑 하 면   된 다 .

우리 헤어졌어요.
우리 연애는 끝났어요.
난 이제 당신에게 아무것도 아니네요.
하지만 난 그대를 사랑할 거에요
당신의 행복을 빌어주고
멀리서 바라볼께요.
연애는 이별과 동시에 끝나지만
사랑은 절대로 끝 나 지 않 아 요.

프롤로그
사랑과 연애의 차이　♥ 6

01.
바보 그 여자 사랑 이야기

너를 사랑한다는 이유로 나는 바보가 됐어　♥ 18
친구인 줄로만 알았는데, 너도 남자였니?　♥ 22
그녀를 잊기 위해 날 만난 건가요?　♥ 25
어떡해? 네가 좋아져버렸는데　♥ 32
애인의 휴대전화를 몰래 훔쳐보는 여자　♥ 38
좋아하던 남자가 친구에게 고백해버렸어　♥ 42
사랑이 너무 어려워서 그랬어　♥ 46
못난 네가 내 사람이다　♥ 51
꼭 결판을 내야 해?　♥ 55
아무리 해도 지치지 않는 일　♥ 61
사랑이 전부가 아닌가요?　♥ 66

02.
바보 그 여자 이별 이야기

다시 생각해봐 ♥ 76
이별 후에 정말 해야 할 일 ♥ 81
그 사람, 잡지 않길 잘했어 ♥ 84
꼭 말로 해야 해? ♥ 90
사귀자고, 헤어지자고 해 놓고 함부로 취소하지 말아요 ♥ 95
지나고 나면 오글거리는 것들 ♥ 101
너와 헤어지고 나서 진짜 슬퍼했던 이유는 ♥ 105
부탁해, 매달리지 말아줘 ♥ 107
헤어진 애인과 친구가 된다고? ♥ 114
생일날 가장 먼저 축하해준 너 ♥ 116
마지막에 할 말은 정해져 있다 ♥ 119
헤어지자는 말은 그냥하지 말아요 ♥ 125
나를 잊지 못하는 너를 보면 ♥ 130

03.
바보그 남자 사랑 이야기

왜 사랑을 하지 않는 거야? ♥ 134
지금 필요한 것은 사랑이 아니라 양보와 이해야 ♥ 136
너라면 이용당해도 좋아 ♥ 142
영영 끝날 것처럼 싸운 뒤에도 화가 풀리고 나면
　　　다시 생각나는 사람, 바로 당신입니다 ♥ 145
언젠가는 깨닫게 될 거라는 너의 말 ♥ 148
돈이 없어서 사랑을 포기했어 ♥ 152
내 여자친구의 남자친구 ♥ 157
믿지도 못하고 잊지도 못하는 것이 사랑일까요? ♥ 161
있는 그대로의 날 좋아해줄 순 없겠니 ♥ 165
나 싫다는 사람에게 끌리는 이유 ♥ 170
어떻게 될지 모르는 게 사랑이라지만 ♥ 174
왜 내가 부담스러운 거니? ♥ 180
나만 바라본 너에게 감사해 ♥ 186
어떻게 아무렇지도 않게 옛애인 이야기를 할 수 있지? ♥ 193
그래도 난 네가 날 사랑한다는 이유를 찾고 싶어 ♥ 196
넌 내 모든 것을 걸 수 있는 여자가 아니야 ♥ 202

04.
바보 그 남자 이별 이야기

그 사람 결혼 소식에 왜 이리 슬퍼질까 ♥ 208
너에게 문신물을 돌려받았어 ♥ 212
마음이 시키는 일 ♥ 218
사랑했던 사람이 갑자기 미워지네 ♥ 224
사랑은 그 사람이 원하는 것을 해주는 일이야 ♥ 227
헤어지기 전에 시간을 갖는 이유 ♥ 233
그녀들은 날 떠나 행복을 찾았어 ♥ 235

에필로그

아무 조건 없이 널 사랑해줄 사람을 찾아 ♥ 238

01.
바보 그여자 사랑이야기

너를 사랑한다는 이유로
나는 바보가 됐어

손해 보는 줄 알면서도 사랑을 퍼준 적이 있었나요?
그 사람이 당연하게 생각하며 고마워하지 않는 걸 알면서도
그저 주는 것으로도 행복한 적 있나요?
바보가 된 줄 알면서도 행복했던 적이 있나요?

처음에는 연하 남자친구를 사귄다고 다들 부러워했어.
집이 몹시 가난한 남자를 만난다고 해도
별로 문제 삼지 않더라고.
그런데 만나도 밥값도 내가 내고
가끔 네 버스카드도 충전해주고
아르바이트 한 돈을 모아
너의 생활비를 대준다고 하니까 모두들 놀라더라.
"당장 헤어져. 네가 뭐 아쉬운 게 있어서 그런 남자를 만나?"
친구들은 내게 충고해.
남자한테 대접받고 공주처럼 떠받들려야 한다고
모두들 남자가 데이트 비용도 내고 용돈도 줘야 한다고 말해.
가끔은 명품 선물도 받고 여자는 그래야 빛이 난다고.
가끔 내가 네 학교 도서관에 없는 책을
대출하느라 무거운 책을 낑낑 들고 네가 우리 학교에 놀러와서
10분도 안 돼서 집으로 돌아가자고 했을 때도 흔쾌히 따랐어.
네가 환승할인 시간이 넘어 추가요금이 생기기 때문이라고 했지.
돈이 없는 남자를 사랑하는 게 뭐 어때서?

네가 날 사랑한다는 것만 있으면 되는데.
내가 좋은 건 다름아닌 사랑인데. 그래서 조금도 아깝지 않은데.
그런데 다들 날 바보라고 불러.
남자한테 용돈 주고 만난다고. 네가 무슨 바보냐고.
왜 사랑을 주기만 하면 이렇게 바보가 될까?
나도 욕심이 많아.
친구가 볼펜 하나 빌려달라고 할 때도 왠지 아까워.
그런데 너한테는 아무것도 안 아까운데, 어쩌지?
너와 헤어진 뒤에도 나는 여전히 너를 그리워하는 바보야.
돌이켜봐도 세상에서 정말 사랑했던 사람은 너 하나뿐이었어.
너를 잃는 게 조금씩 돈을 쓰는 것보다 훨씬 아까운 일인데….
이런 게 진짜 사랑이었을까?
난 말이지. 너한테 바라는 것은 없었어.
그냥 네가 좋으면 나도 좋았으니까.
받아보지도 않고 받을 욕심도 부리지 않고
그냥 주는 걸로도 행복한 것, 그게 정말 사랑이었을까.

사랑도 기브앤테이크다

사랑이란 순수해야 하고, 이해타산이 아니라고 할지라도
큰 의미에서는 기브앤테이크다.
누구 한 사람만 받고 누구 한 사람만 퍼주는 관계는 오래갈 수 없다.
의도하지 않아도, 말하지 않아도 이루어지는 것.
받기도 하고 주기도 하는 것.
그것이 사랑이 다.

바보가 된 사람은 자기 자신을 책망할 수밖에 없다
사랑의 상처는 연인으로부터 비롯되지만
그 모든 고통을 짊어져야 하는 것은
스스로의 몫으로 남는다.

하지만 바보의 행복은 오직 바보만이 알 고 있 다 .

친구인 줄로만 알았는데,
너도 남자였니?

정말 편하게 느껴졌던 그 사람…. 어느 날 갑자기 두근거렸던 적 있나요?

여자에게는 단짝친구가 있었어.
그런데 그 친구가 남자야.
함께 어울려 다니고 고민이 있으면 털어놓기도 하고
가족들하고 싸우고 나면
서로 험담도 하면서 속도 시원하게 푸는
둘도 없는 단짝이었지.
가끔 여자에게 다른 사람들이 묻곤 했어.
"너네 둘이 사귀니?"
여자는 당혹스러웠어.
말도 잘 통하고 참 편하지만
그 친구를 한 번도 남자로 생각해본 적은 없었거든.
그래서 여자는 좀 지나칠 정도로 설레발쳤어.
"미쳤냐! 내가 걔랑 사귀게!
내가 걔랑 사귀느니 차라리 죽는다, 죽어!"
남자도 여자에게 사귀자고 말한 적은 없었어.
정말 그들은 그냥 친구였거든.
서로 친구 이상으로는 생각해본 적도 없어.
여자도 연애를 하고 싶어서 소개팅도 다녔어.
그런데 딱히 마음에 차는 남자가 없는 거야.
주말 내내 소개팅을 다니기도 했어.
소개남들에게 애프터가 안 들어온다고 하소연 하는데,
남자가 말했어.
"나도 얼마 전에 좋아하는 애 생겨서 고백했는데
보기 좋게 차였다."

뭐랄까. 여자는 그 순간 어떤 배신감을 느꼈어.
'언제부터? 난 전혀 몰랐는데……
언제부터 여자가 있었던 거야?'
여자는 갑자기 신경이 쓰였어. 영영 혼자일 것 같던 남자에게도
어느 날 사랑이 올 수 있다는 걸 그때 처음 알았거든.
여자는 자기가 혹시 그 친구를 사랑하고 있던 것은 아닌지
같이 밥 먹고 커피 마시고 떠들고 웃는 동안
조금이라도 남자로서 좋아하게 된 건 아닌지 생각해 봤어.
왜 그 친구가 자길 여자로 보지 않는지도 생각해봤어.
친하게 지내던 친구에게
애인이 생기면 마음 속 밑바닥부터 술렁거려.
단짝친구가 결혼해도 마음은 쓸쓸해지지.
드러내놓고 표현할 길이 없어 더욱 심란해.
뭐, 다른 것이 있겠어.
그 사람에게 반쪽이 생기면서 혼자가 되는 것 같은 기분,
떨칠 수는 없잖아.
어쩌면 그건 사랑일 수도 있고 아닐 수도 있어.
가까운 누군가에게 좋은 사람이 생긴다는 일
솔직히 즐거운 일은 아니잖아.
차라리 차이고 와서 술잔이나 기울일 때 더 예뻐 보이잖아.
하지만 기억해.
사랑이란 얻는 느낌이지 잃는 느낌은 아니야.
그 사람을 잃어서 느끼는 허전함이 아니라
그 사람이 있어서 느끼는 행복감이라는 것을.

그녀를 잊기 위해 날 만난 건가요?

그가 당신을 만나기 전에 만났던 사람이 궁금했던 적이 있나요?
남자가 아직 옛사랑을 다 잊지 못했다는 것을 알게 된 적 있나요?

여자가 남자를 처음 만났을 때 남자는 혼자였습니다.
여자도 혼자였기에 두 사람은 잘 맞았습니다.
그런데 사랑을 시작한 지 얼마 되지 않아
두 사람의 관계는 흔들리기 시작했습니다.
여자는 남자가 사랑을 줄 때
어느 정도는 떼서 마음속에 빼놓고
나머지 반쪽만 주는 것 같은 느낌을 받았기 때문입니다.
누군가가 한 입 베어 먹어버린
빵을 씹어먹는 기분이랄까요?

여자는 점점 자신에게 돌아오는
사랑의 양이 줄어드는 것을 느꼈습니다.
여자는 그를 만나며 옛 애인의 흔적을 모두 지워버렸습니다.
아주 마음속을 시원하게 대청소해버렸죠.
쓸모라고 없는 그리움이나 추억들을 모두 버렸습니다.
그런데 남자는 달랐습니다.
남자는 마음 속 깊은 곳에 다른 여자를 품고 있었습니다.
그래서 여자는 자신을 바라보는 남자의 눈길이
사실은 다른 곳에 향하고 있다는 것을 알았습니다.
그때부터 혹독한
……
외로움이 시작되었습니다.
어느 날 남자가 말했습니다.
"미안해요 우린 아무래도 안 되겠어요."
여자는 납득할 수 없었어요
"왜죠? 무슨 문제라도 있나요?"
"그녀를 도저히 잊을 수가 없어요."
"당신은 나를 사랑하기 위해
만난 게 아니라
당신 스스로를 사랑하기 위해 만난 거군요."
여자는 남자의 마음속에 숨어 있는
그 여자를 지우는 법을 알 수 없었어요
어떻게든 지울 수 없는 것이기에…

사랑은 사랑으로 지울 수 있다
　　사랑으로 행복감을 느낄 때
비로소 옛 애인의 그림자를 모두 지　워 낼 수 있 다.

상처 받지 않으려고 할수록 상처는 피할 수 없다
사랑을 지키는 것과 사랑을 잃지 않으려고 하는 마음은 다르다.
사랑을 지키기 위한 일이 무엇인지 생각해야 한다.

사랑을 잊기 위해 무분별한 만남에 의지하기도 한다
연인을 떠나보내고 너무 쓸쓸해서
    아무 사람이나 붙잡고
        새로운 사랑에 빠지려는 사람들이 있다.
새로운 연인을 만나 다시 시작하면,
    이 모든 고통과 허무함에서
        벗어날 수 있다고 생각하는 것이다.
누군가를 만나 헤어지면 또 다른 누군가로 지우고,
그 누군가도 다른 누군가로 잊어버리고…….
    생각보다 사람이란 잘 잊 혀 진 다 .

상대는 바뀌어도 사랑은 언제나 비슷한 패턴이다.
하지만 만일 절대로 다른 사람과 바꿀 수 없는
사람이 생긴다면 그것이 진짜 사랑이다.

사랑이란 것을 하겠다고
일부러 멀리서 찾는 이들이 있다.
일상생활에서 만나는 사람들과는
이성관계로 좀처럼 **발전하지 않기** 때문이다.
그냥 동료이고, 친구일 뿐이다.
하지만 **소개팅에서 만나는 남녀**는
분명한 이성이다.
그냥 언제나 곁에 있고 편하다면,
늘 보고 싶다면
그것이 사 랑 이다.

어떡해? 이젠 네가 좋아져버렸는데

처음부터 특별한 사람은 아니었지만 누군가에게 빼앗기고 나서 후회해본 적 있나요?

남자는 여자의 동아리 선배였어.
여자는 군대 간 남자친구가 있는
'고무신'이었는데 얼마전에 헤어졌어.
우연히 학교 식당에서 만난 두 사람은

종종 이야기를 나누게 되었어.
서로 외로웠던 터라 말이 잘 통했지.
어느 날 남자가 여자에게 고민을 털어놓았어.
아마 두 사람이 꽤 친해졌을 때였을 거야.
"나, 실은 좋아하는 사람 있다."
여자는 눈빛을 반짝였어.
왠지 남자와 할 이야기가 아주 많을 것 같았거든.
마음이 통하는 사람끼리는 연애 이야기를 하면
정말 끝도 없어.
남자는 오래전부터 한 후배 여자아이를 좋아했어.
피부가 하얗고 단발머리가 잘 어울리는 애였지.
여자는 친구가 괜히 그 여자애를 싫어할 때마다
역성을 들어줬어.
"좀 새침떼기라도 좋은 애야."
남자는 그 여자후배를 참 좋아했는데
어떻게 다가가야 할지 몰랐어. 여자는 도와줬어.
"동아리 모임을 가거든 둘만의 시간을 가져봐요"
하지만 후배는 관심도 없었지.
남자는 말이 잘 통하는 여자와 자주 만났어.
같이 밥먹고 같이 차를 마시는 동안에도
언제나 좋아하는 후배 이야기만 했지.
여자는 남자가 사랑에 빠진 후배에 대해서 이야기할 때
얼마나 행복한 표정을 짓는지 처음 알게 되었어.
하지만 남자의 사랑은 영원히 짝사랑으로 끝날 것 같았어.

그 애는 정말 새침떼기였거든.

남자는 그 애에게 문자메시지를 보내기 전에

여자에게 먼저 물어봤어.

"지금 그 애는 기숙사에 있겠지? 메시지를 보내볼까?"

여자는 대답했어.

"보내봐요"

남자는 또 물어봤어.

"내일 교양 수업에서 그 애를 만나는 데 옆자리에 앉아볼까?

음료수라도 하나 줘 볼까? 걔가 뭘 좋아할까?"

여자는 대답했지.

"한 번 해보세요"

하지만 그 애는 관심도 없는 것 같았어.

여자는 남자에게

"더 이상 희망을 갖지 말아라.

언젠가 단념을 하게 될 거다"라는

말만은 아끼고 있었어.

그가 상처받는 걸 원치 않았거든.

그런데 남자가 여자와 상담도 하지 않고

정말 그 애에게 고백해버린 거야.

"그 애랑 사귀기로 했다!"

남자는 정말 기뻐했어.

여자는 놀랐어.

남자의 사랑이 결국에는 실패로 돌아갈 줄 알았거든.

여자는 담담히 축하해줬어.
"잘된 일이야."
남자는 이제 여자와 밥을 먹는 일도 없었고
차를 마시는 일도 없어졌어.
수업 마치고 산책을 함께 하는 일도 없었지.
남자의 곁에는 언제나 여자친구인 그 애가 있었으니까.
갑자기 너무 심심해진
곁에서 이야기를 나눌 사람조차 없어진
여자는 생각했어.
남자에게 여자친구가 생긴 것이
그리 좋은 일은 아니었다고.
언제부터 남자가
여자의 마음으로 들어왔는지
여자 스스로도 알 수 없었어.
계속 이야기를 나누었다면
어쩌면 남자는 여자를 사랑하게 되었을 지도 모른다고
여자는 친구들에게 말했어.
"너희들이 왜 그 애를 얄미워하는지 알았어."
다른 애들은 그저 심술일 뿐인데,
여자는 정말 그 애를 싫어할 이유가 생겼어.
"알아. 말도 안 되는 생각이라는 것 알지만
이렇게 바라만 보고 있는 것이,
내 옆자리가 비어버렸다는 것이 너무 슬퍼."

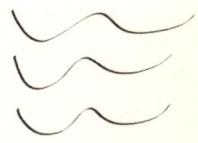

사랑은 정말 아무 예고 없이 찾아온다.
지금 사랑하고 있으면서도
　　　사랑하고 있는지 모를 수도 있다.
그 사람이 남긴 빈자리는 공기뿐이지만
　　사랑은 그렇게 오기도 한다.

내게서 떠나갈 것을 걱정해서 그 사람의 행복을 빌어줄 수 없다.
모두가 서로가 잘 되기 위해서 위로하고 격려하지만
막상 그 사람이 행복을 찾으면 나를 떠날 수 있다.
나에게는 언제나 하소연하고 고민을 털어놓았으므로
모두 다 잘 될 거야라고 말하지만,
고민에 빠져서 나를 찾아오는 너를 보고 안심한다.
나에게 중요한 것은 네가 날 떠나지 않는 것이니까.

애인의 휴대전화를
몰래 훔쳐보는 여자

사랑하는 사람을 그냥 의심해본 적 있나요?
그에게 내가 알지 못하는 것이 있다고 생각해본 적 있나요?
믿지 못하는 나를 탓해야 할지 믿음을 주지 못하는
그 사람을 탓해야할지 고민했던 적 있나요?

여자는 얼마 전부터 남자친구의 휴대전화를 훔쳐보는 게
취미가 되었습니다.
그가 잠시 자리를 비우거나 잠들면 휴대전화를 꺼내
문자메시지와 통화내역을 살펴보곤 했습니다.
누구와 언제 연락했는지 얼마나 자주 연락했는지
꼼꼼히 살펴봅니다.
남자친구가 무슨 거짓말을 하고 있는 것은 아닌지
몰래 바람을 피우고 있는 건 아닌지
꼼꼼하게 알아두려고 하는 겁니다.
그런 여자들은 가끔 말합니다.
"이 남자 수상해. 이젠 통화내역을 다 지우는 것도 모자라
비밀번호까지 걸어놨어."
남자들은 이런 여자들을 힘들어합니다.
"왜 의심을 하지, 왜······."
바람피울 남자는 어떻게든 바람을 피우고
한 여자만을 바라볼 남자는 한눈을 팔지 않습니다.
그저 알고 지내는 이성친구인데도
애인이 질투해서 연락조차 하지 못해 절교하고

회사의 여상사의 연락까지도 민감하게 굴면
몹시 곤란해집니다.
"정말 내 인간관계를 모조리 끊어놓을 셈이야?"
하지만 여자는 자신의 직감을 믿습니다.
애인이 얼마전부터 옛 애인과 연락한 흔적을 발견했기 때문이죠.
공중전화에서 애인의 휴대전화에 번호만 덩그러니 있고,
저장조차 되어 있지 않은 그 번호를 눌렀습니다.
아니나 다를까 낯선 여자의 목소리가 들렸습니다.
여자는 남자친구를 위치추적하기도 했습니다.
회식자리에 있어야 할 그가 엉뚱한 장소에 있다는 것도
알게 되었습니다.
'넌 지금 거짓말을 하고 있어.'
여자는 맨처음 남자의 말을 의심했고
그 다음에는 행동을 마지막에는 마음을 의심했습니다.
무엇보다 괴로운 것은
남자친구를 떠날 수는 없다는 사실때문이었습니다.
여자는 남자의 휴대전화에서 벗어날 수 없었습니다.
우리는 애인의 마음을 감시하면서도
애인의 마음이 떠났다는 것을 알면서도 애인을 떠날 수 없습니다.
헤어지지도 못하면서 의심은 멈추지 못합니다.
아직 사랑하고 있기 때문입니다.
여자는 믿습니다.
"그가 거짓말을 했다고 해도
날 사랑하는 마음만은 거짓이 아닐 거야."

잘 지내나요?
내 사랑

좋아하던 남자가 친구에게
고백해 버렸어

타이밍 때문에 사랑을 놓쳐본 적이 있나요?
친구의 그 사람이 사랑이었던 적이 있나요?
친구의 애인에게 설레본 적 있나요?
친구에게 그의 시선을 빼앗겨본 적 있나요?

여자에게는 좋아하는 남자가 생겼어.

동호회에서 만난 선배였지.

남자는 책임감도 있고 괜찮은 애였어.

가끔 여자에게 문자메시지를 보내오곤 했어.

뭐하니?

자니?

점심 먹었냐?

여자는 싫지 않았어.

그가 먼저 말을 걸어오는 것이…．

어느 날부터는 그의 웃는 얼굴이
그렇게 좋아보일 수 없는 거야.
그래서 어느 날부터 여자는 자신의 마음을 인정했어.
그 남자를 좋아하게 된 거지.
그래서 일부러 남자 앞에서 질투심도 유발해보곤 했어.
여자에게는 애인이 아닌 이성친구들이 좀 있었거든.
어느 날부터 남자의 연락이 뜸해졌어.
여자는 이해를 하지 못했어.
그래서 먼저 연락도 해봤지만 대답은 잘 오지 않았어.
그리고 어느 날
남자가 여자와 가장 친한 친구에게 고백을 한 거야.
여자는 빌고 또 빌었어.
그 친구가 그 남자와 사귀지 않기를
하지만 친구는 고백을 받아들였지.
여자는 괘씸했어.
알고 보니 친구에 대해서 알기 위해서
여자에게 다가온 거였어.
그 친구가 뭘 좋아하는지
지금 좋아하는 사람이 있는지 없는지
알고 싶었던 거야.
친구는 여자의 속도 모르고 자기가 받은 반지며
꽃다발 이야기를 했어.
너무 예쁜 반지고 꽃이었어.
여자는 너무 속이 쓰렸지만 축하한다고 말해줬어.

친구는 절대 몰랐어. 여자의 마음을…….
가장 친한 친구였는데도 말이야.
여자는 남자가 자기를 가지고 놀았다고 생각했지만
아무에게도 하소연할 수 없었지.
여자는 정작 그 남자의 마음이 어디로 향해 있는지
알지 못했으니까.
여자는 그렇게 좋아하던 남자의 여자친구의 친구가 되었지.
남자도 알고 있었을까.
조금씩 넘어오기 시작했던 여자의 마음을.
그래서 어느 날부터
여자의 연락을 묵살해버렸을까.
친구의 남자친구를 좋아하게 되는 여자들은 꽤 있어.
애인의 친구를 향한 친철함을
사랑으로 생각하는 어리석음은 분명히 있어.
'어쩌면 내가 주인공이었을 지도 몰라'
하는 생각으로 말이야.

아무리 친구라도 해도
한 번쯤은 이성으로 생각하기 마련이다.
내가 아닌 친구로 선택했다는 것은
그 사람이 나를 포기했다는 뜻이 되기도 한다.

사랑이 너무 어려워서 그랬어

좋은 조건을 가진 연인을 얻은 지인이나 친구를 부러워해본 적 있나요?
뜨겁게 사랑하기보다 편하게 살고 싶었던 적 있나요?

여자는 눈이 높았어.
의사, 변호사, 회계사가 아니면
결혼하지 않는다고 생각했어.
밉상일 것 같지만
여자는 정말 예쁘고 똑똑하고
애교도 많았지.
여자는 정말 '사짜'만 만났어.
여자는 스스로 똑똑하다 생각했지.
몇 명이나 구애했고 결국 한 남자와 연결됐지.
대신 여자는 이런 걸 할 줄 몰라.
동아리에서 다들 마음에 들어 하는 동아리 오빠를
내 남자로 만드는 법
이미 여자친구가 있는 오빠에게 꼬리 치는 법
편한 친구로 지내다가 어느 날 사귀는 데 성공하는 법
그런 걸 할 줄 몰라.
그저 할 줄 아는 것이라고는
예쁘게 차려입고
소개팅 장소에 나가는 거야.
그곳에서 번듯한 남자가 나오면
마음에 들면 되는 거야.

예쁜 여자였기 때문에
어렵지 않았어.
비슷한 한 남자이야기를 해볼까.
남자는 돈은 많았지만
애인은 없었어.
가끔 클럽에서 이성을 만나기도 하고
돈으로 여자를 사기도 했어.
남자는 그게 편했어서.
누군가를 만나
데이트를 하고 질투를 하고
마음을 상하는 것보다
돈으로
자기가 원하는 만큼 애정 행각을 하고
외로움을 달래면 되는 것이었거든.
조건 때문에 만나면 속물이라지만
눈에 보이는 것으로
승부한다면 모든 게 쉬워져.
사람 마음 속은 정말 보이지 않으니까.
정말 사랑하는 방법을 몰라서 그런 것일 수도 있어.
사랑은 어려워.
가까이 다가올 법하면 멀어지고
사랑이다 싶으면 아닌 것
때로는 누군가와 경쟁해야 하고
배신당하기도 하는 것

외모, 학력, 재산을 모두 내려놓고
그야말로 마음 하나로 승부한다는 것
정말 어려운 일이야.
그래서 누군가는 몸져 누우면
연인이 도망가고
또 다른 누군가는
연인이 대신 죽음을 감수하기도 하는 거야.
그것이 관계의 힘이야.
사랑은 제대로 하기가 너무 어려운 거야.
그래서 사랑하기 쉬운 방법을 찾으면
사랑은 없어.

남의 애인을 빼앗은 여자는 부도덕하지만
신데렐라보다 관계에 강하다
이미 다른 사람을 **사랑하고 있는**
남자의 시선을 빼앗을 정도라면
사랑의 기술이 매우 뻬어나다고 할수 있다.
그저 예쁘게 치장하고 외모로 **승부하는 것보다**
노력이 필요한 부분이다.

Just

뛰어나지 않은 사람은 악역이 될 수 없다
악역은 포기하지 않은 근성도 있어야 하고,
사람의 속을 꿰뚫을 수 있어야 하고,
타인을 이용할 수도 있 어 야   한 다 .

못난 네가 내 사람이다

지금 만나는 사람보다 더 좋은 사람 만날 자신이 있나요?

어느 날 네가 말했어.
"넌 목소리가 좀 안 좋아. 너무 가늘고
애 같고 가끔은 아주 짜증스러워."
네 말에 깜짝 놀라서 성악학원까지 알아봤어.
예전에 교양 강의 시간에
출석을 부르면 성악과 애들은 하나같이 목소리가 좋더라고
가수가 되겠다는 꿈은 없지만 듣기 좋은 목소리는 갖고 싶었어.
너는 또 말했어.
"너, 그 눈 밑에 난 점 좀 빼버렸으면 좋겠다."
그대로 곧장 병원을 찾아가 점을 빼버리고 말았지.
너는 또 말했어.
"넌 의욕이 많지만 꼼꼼하지 못해."
"원피스가 예쁘긴 한데 유행 지난 거야."
"배기팬츠 입기에는 다리가 좀 짧지."
"네가 좀 잘 사는 집 애였으면 좋겠다."
"가방이나 화장품은 중간 이상은 되는 브랜드는 되어야지."
"네 직업이 좀 더 안정적이었으면 좋겠다."
너한테 못난 사람처럼 보이고 싶지 않았어.
너에게 자랑스러운 애인이 되고 싶었어.
그래서 언제나 너에게 맞춰가려고 했지만

어느 날 한계가 왔어.
정말 더는 못하겠더라.
스스로 부족하다는 것을 인정하고 말았지.
왜 나는 이것밖에 안되는 걸까.
나는 정말 못난 사람일까.
문득 이런 생각이 들더라.
내가 만일 부잣집 딸에 패션 감각을 부릴 만큼 돈도 있고
직장도 좋고 다리도 길고 성격도 빈틈없다면
왜 너를 만나겠느냐고.
적어도 너보다 훨씬 더 좋은 남자를 만날 것 같지 않느냐고
어느 날 내가 로스쿨 준비를 한다고 했을 때
너는 격려해주었지.
"꼭 붙어라. 나도 변호사 사부님 소리 좀 들어보자."
그래서 내가 말했지.
"내가 변호사가 되면, 왜 너를 만나냐?
훨씬 잘생기고 돈도 많고 매너있는 남자를 만나지!"
그래서 너는 생각이 바뀌었지.
아무 공부도 하지 말라고 했어.
비정규직인 내가 승진했을 때도 너는 기뻐하지 않았어.
오히려 회사 그만 두고 네 집에 들어와
밥이나 해달라고 했어.
네가 말했지.
"너, 성공하면 다른 사람에게 갈 거잖아.
네가 떠날까봐……. 그게 너무 무서워."

조건 때문에 **연인관계를** 유지하면
사랑과 멀어지는 것은 당연하다.
어떤 아들은 조건 좋은 사람을 연인으로 얻었다고 자랑한다.
하지만 본인은 정작 조건과 사람 중에서
뭘 더 좋아하는지 헷갈리게 된다.

연인의 성공에 마냥 기뻐할 수만은 없다
내 애인이 좀 더 **잘난 사람**이었으면 좋겠다는 생각은
어쩌면 자연스럽다.
하지만 정말 어떤 지위와 권력, 재력을 얻게 되면
분명히 그 조건만으로도 **여러 경쟁자가 생긴다.**
또한 성공가도를 달리면 누구나 교만해진다.
연인이 아무리 잘나면 뭐하는가.
다른 사람에게 빼앗기면,
그 연인이 바뀌어 한눈을 팔면　그만 인 것　을.

꼭 결판을 내야 해?

다시 싸우지 말자는 약속을 왜 자꾸 어기는 걸까요?
싸우고 나서 이게 마지막이라는 생각을 해본 적 있나요?

여자는 쏟아질 눈물을 꾹 참고 있었습니다.
그와 함께 할 달콤한 데이트를 기대했건만
너무 사소한 문제로 그와 다투게 되었기 때문이지요.
남자들이 늘 그렇듯 몇 번 입씨름이 오가면
중간에 그만두려고 합니다.
여자와 싸우는 것 자체가
남자답지도 않고 잘하는 짓이 아니거든요.
"나중에, 나중에 이야기하자."
남자가 몹시 마음이 상해 돌아서자
여자는 순간 가슴이 철렁 내려앉습니다.
"가지 말고 거기 서."
남자는 여자와 계속 이야기를 하면
더 싸움이 커지고 끝이 나지 않으려고 피하려던 참인데
자꾸만 여자는 물고 늘어집니다.
"그래서 내가 잘못했다는 거야?"
여자는 몹시 억울한 듯이 말합니다.
"그게 아니라…….
일단 오늘은 이쯤하고 다음에 이야기하자."
남자가 뿌리치듯 일어나자
여자가 황급히 잡습니다.

더 이상 여자와 싸우고 싶지 않은

남자는 문득 화가 납니다.

"이대로 가면 어떡해?"

"난 더 이상 할 말 없다고 이야기 계속 해 봤자 싸우기밖에 더해?"

남자가 소리치듯 말했습니다.

"가지 마. 가지 말고 내 이야기 들어."

여자는 이대로 남자를 보내기 싫은 것입니다.

이대로 보내버리면

지금 이 순간이 그대로

이별이 될 것 같기 때문입니다.

그는 집에 돌아가 차분히 생각해보고

앞으로 더 만날지 말지 생각해볼 수도 있습니다.

어쩌면 더 이상 그녀의 전화를 받지 않을 수도 있습니다.

여자는 남자가 마음이 상한 채로

돌아가는 것이 싫은 것입니다.

하지만 쉽게 '미안하다'는 말은 나오지 않습니다.

특히 싸우는 순간에는 정말 어렵습니다.

미안하다는 말은

헤어지려는 순간 더 사랑하는 사람이

덜 사랑하는 사람에게 하는 말입니다.

여자는 그를 붙잡아두고

잘잘못을 가리고 싶은 것 같지만

사실은 그와 화해하고 싶은 것입니다.

감정이 상한 채 돌아간 날이면

더욱 마음이 심란하고
앞으로 어떻게 해야 할지
그 사람의 마음이 어떻게 변해야 할지
가늠할 수 없기 때문입니다.
더 이상 싸우고 싶지 않다는 남자도
정말 그게 마지막일 수 있고
다시 여자에게 다가오지 않을 수도 있습니다.
여자가 애인과 싸울 때
결판을 내고 싶어 하는 것은
그 사람과 함께 하고 싶어 하기 때문입니다.
그가 자신을 떠날 수 없게
싸우긴 했지만 그가 아직 자신을 사랑한다는
확신을 갖고 싶기 때문입니다.
그녀가 내고 싶어하는
결판은
이별이 아니라
화해입니다.
'나는 얼마든지 숙일 준비가 되어 있어.
대신 네가 먼저 숙여줘.'

갈등이 생겼다고 해서 무턱대고 시간을 갖는 것은 좋지 않다
시간은 모든 것을 해결해준다.
시간이 지나면 미워했던 감정도 누그러든다.
하지만 그런 공백은 길지 않은 것이 좋다.
시간은 미워했던 감정뿐만 아니라
사랑했던 감정까지도 지 워 버 린 다 .

홧김에 헤어지자고 말하지 마
헤어지자는 말에 고집쟁이 애인이 마음을 바꿨다.
그 재미에 몇 번 써먹었더니 애인이 지쳐버렸다.
절대로 해서는 안 되는 말, '헤어지자.'

사랑 싸움에 사랑이 있어야 한다

사랑 싸움에는 반드시 사랑이 있어야 한다

사랑 때문에 **싸움은** 더욱 격해질 수 있다.

사랑하기 때문에 싸우고 사랑하기 때문에 용서하는 싸움,

그것이 사 랑 싸 움 이 다 .

아무리 해도 지치지 않는 일

다시 싸우지 말자는 약속 왜 자꾸 어기는 걸까요?
싸우고 나서 이게 마지막이라는 생각 해 본 적 있나요?

무슨 일을 해도
얼마가지 않아 싫증을 내는 그녀에게도
아무리 해도 지치지 않는 일이 있습니다.
바로 사랑했던 사람을 이따금 떠올리는 일이거나
내일에 대한 걱정
어떤 일을 선택하면서 내려놓아야 했던 꿈을
반추하는 일입니다.
걱정이나 미련 두려움 따위가
싫은 이유는 아무리 해도
지치지 않기 때문입니다.
오히려 더 깊게 빠져 들어갈 뿐입니다.
그만하고 싶을수록
더욱 따라다녀 괴롭히기도 합니다.
마치 스스로를 위한 것처럼 위장하고 있는
걱정이나 미련, 그저 막연하기만 한 두려움은
사실은 스스로를 미워하는 방법입니다.
엄청난 끈기를 요구하며
무서운 집중력을 발휘하게 하면서도
어떤 해결책도 내주지 않기 때문입니다.

지금 사랑하는 사람이 있다면
그 사람을 사랑하는 일에만 집중하세요.
그 사람을 기쁘게 하는 일
그 사람이 원하는 일
생각보다 많은 사람들이 사랑하는 일에는 지쳐합니다.
데이트를 하는 것도 이내 질려 하는 사람도 있습니다.
그 사람의 마음을 의심하거나
그 사람이 떠나갈 것이라는 생각은 하지 마세요.
걱정은 절대로 끝까지 할 수 없는 것입니다.

싸운 뒤에 연인과 떨어져
혼자가 되었을 때
홀가분할 수도 있고
조금 외로울 수도 있다.
오히려 일시적으로 혼자가 되어보면
연인의 빈자리가
얼마나 큰지 새삼 알 게 될 수도 있다.

끝까지 매달려본 적 있나요?
자존심 다 내려놓고, 사랑을 잃지 않기 위해
끝까지 매달려 본 적 있나요?
이미 돌아선 사람에게 자꾸 전화하고 만나자고 하고,
문자메시지를 전하고……
당신이 보내는 메시지는 이미 스팸처리가 되었는데도
그가 삭제하기 전 스팸이 되어버린 당신의 마음을
확인할 거라는 희망을 가져본 적 있나요
어느 순간 그는 전화를 받지 않는데도 끝까지 음성메시지를 남겨서
그가 스스로 전화번호를 바꾸게 만들어본 적이 있나요
그렇다면 물을게요. 그래서 당신은 어땠나요?
그 사람이 돌아오던가요?
만일 그렇게 되찾은 사랑을 행복하게 이끌어갈 수 있던가요?

사랑이 전부가 아닌가요?

당신과 만나는 그 사람, 당신과 끝까지 갈 건가요?

남자는 놀랐습니다.
그녀에게서 생각지도 못한 말을 들었기 때문입니다.
"나는 너랑 결혼은 안 해."
남자 역시 결혼할 형편은 되지 못했습니다.
앞날이 불투명한 아주 작은 회사에 다니고 있었거든요.
또한 가정을 갖고 싶다는 계획이 있는 것도 아니었습니다.
여자를 사랑하고 있지만 그렇다고 앞으로 결혼을
절대로 하지 않는다는 것은 아니었습니다.
모든 것은 미정이지요.
할 수도 있고 안할 수도 있지만
하지 않는다는 것은 아닙니다.

그런데 여자에게 문득 그런 다짐을 받으니
마음 한 가운데가 구멍이 난 것처럼 쓸쓸해졌습니다.
이미 이별이 예정되어 있어서일까요
너와 끝까지 함께 하지 않겠다는 그녀의 말이
남자의 사랑을 꺾었습니다.
남자의 자존심이란 상처받으면 좀처럼 낫지 않습니다.
"너와 더는 만날 수가 없어……."
여자는 왜 남자가 변심했는지
이해하지 못합니다.
남자의 조건이 여자에게 만족스러운 것은 아니었습니다.
하지만 계속 만날수록 남자와
결혼할 지도 모른다는 생각이 들었습니다.
만일 남자와 결혼하게 되면 짊어져야 하는 짐들이
너무 무겁게 생각되었습니다.
월세를 내는 좁은 아파트에서 사는 그의 부모님,
매번 빚을 갚느라 모이지 않는 그의 통장.
'과연 내가 다 해낼 수 있을까…….'
시집은 더 좋은 곳으로 가고 싶다고
여자는 항상 혼자 생각해왔습니다.
하지만 누구도 그냥 만나는 사람이 되기 위해
사랑을 하지 않습니다.
남자의 결별 선언에 당황스러웠습니다.
하나가 될 수 없다는 것은
더 이상 사랑할 수 없는 이유이기도 합니다.

물론 결혼을 했다고 해서 하나가 되는 것은 아닙니다.
아내는 남편과 결혼식을 올린 지
4개월이 지나갔지만 아직 혼인신고를 하지 않고 있습니다.
앞으로 어떻게 될지도 모르는 연애
항상 그 사람의 마음과 스스로의 마음을 탐색해왔습니다
그 어려운 연애를 거쳐 결혼에 골인했지만
지금도 평생을 함께 할 지에 관해서는
확신이 서지 않는 것입니다
"혼인신고는 빨리 하지 않아도 돼.
좀 더 살아보고 결정해도 늦지 않아."
결혼하고도 혼인신고를 하지 않고
아이를 갖지 않는 부부들은 더러 있습니다.
내가 나를 사랑한다는 것은
상대를 덜 사랑하는 것을 의미하는 것은 아닙니다.
사랑하기 때문에 내 모든 것을 주기에는
어쩌면 아깝다는 생각을 합니다.
"우리 같이 살까?"
여자는 남자가 동거하자고 말했을 때
회의적이었습니다.
이대로 서로의 집을 오가며 만나는 건 좋아도
함께 산다는 것은 어려운 일이기 때문입니다.
"그냥 지금처럼 계속 지내면 안 될까?"
남자는 서운했습니다.
여자의 집에 함께 살고 싶었습니다.

때가 되면 돌아가고 헤어지는 게 싫었습니다.
그녀와 헤어지는 시간이
데이트가 끝났을 때가 아니라
서로 출근할 때였으면 좋겠다고 생각합니다.
하지만 여자는 남자와 함께 살 마음은 없습니다.
사랑할 마음은 있습니다.
그가 없으면 외롭고 슬퍼질 테니까.
남자에게 이걸 어떻게 설명해야 할지 몰라
그녀는 고민합니다.
사랑하는 연인과 하나가 된다는 것은 어려운 일입니다.
한집에서 살아도 결혼을 해도
진짜 하나가 되는 것은 어려운 일입니다.
하나가 된다는 것은 저마다 차이가 있습니다.
누군가는 자신이 가진 모든 것을 연인에게 주어서
하나가 되기도 하고
누군가는 연인이 가진 모든 것을 갖게 되어서
하나가 되기도 합니다.
인생의 일부인 사랑은
인생의 전부를 자석처럼 빨아들입니다.
경계 끝에 발견한 진정한 사랑은
영원한 그리움으로 남게 됩니다.

후회하지 않는 방법은 없다
이별의 치명상을 줄이기 위해서 나 스스로를 아껴두려고 한다.
사랑을 많이 해본 사람이 사랑을 잘하는 것은 아니다.
오히려 사랑이 영원하지 않다는 것을
누구보다 잘 알기 때문에 회의적일 수도 있다.

그래서 잔꾀를 낸다.
'아무리 사랑해도 내 전부를 내놓지는 않을 거야.'
아무리 사랑해도 결혼은 별개의 문제일 뿐 덜컥 했다가
큰 낭패를 볼 수 있다. 사랑하는 사람과의 관계는 의심해도 끝이 없다.

사랑한다고 모든 것을 해낼 수는 없다
감당할 수 없는 것은 분명히 있다.
억지로 해낼 필요는 없다.
부담스러워서 피하는 것이 있다면
그것이 사 랑 의 깊 이 다 .

결혼이 사랑의 증거이기도 하다
한 여자는 유독 결혼 이야기를 피하는 연인을 믿지 못했다.
늘 남자가 언젠가 떠날 거라고 생각했다.
연애를 하면서도 언젠가 헤어질 날을
대비해놓고 있는 게 아닌가 불안했다.
결혼식을 올리고도 혼인 신고를 하지 않는 남자를 보며,
여자는 남자의 사랑을 의심했다.
혼인신고를 하고 돌아오는 날,
여자는 정말 남자를 가졌다고 생각했다
이제 남자의 사랑은 분명하다고
그는 이제 나를 떠나지 않는다고 그의 사랑은 가볍지 않고,
정말 진 심 어 린 것 이 라 고.

02.

바보 그 여자 이별이야기

다시 생각해 봐

헤어지자는 말에 죽도록 매달리고 싶었던 적 있나요?

정말 고민을 거듭하여
오늘은 하고 싶은 말을 하기로 했습니다.
"우리 헤어져."
그 사람은 생각지도 못한 듯
당황해합니다.
처음에는 발끈 화를 내는 것 같더니,
가만히 생각해보니 어떻게든
달래서 마음을 돌려야겠다고 생각하기로 했나 봅니다.
"다시 생각해 봐."
무엇을 더 생각하라는 것일까요
이미 수천번도 넘게 생각했습니다.
내가 또 생각하고
또 고민할 때도
그는 아무것도 몰랐겠지요.

그 사람이 다시 생각해보라는 것은
나에게 한 말이 아닙니다.
갑작스러운 통보에 생각할 시간을 달라는 뜻입니다.
이것 아세요?
헤어짐을 결심한 사람에게는
이별을 준비할 많은 시간이 있습니다.
그리고 마음을 중간에 돌릴 기회도 정말 많습니다.
이미 많은 준비를 했기 때문에
막상 이별을 겪고도 마음을 많이 다치지 않습니다.
하지만 결별 통보를 받은 사람에게는
이별을 준비할 시간이 거의 없다는 사실을요.
어느 날 갑자기
사랑이 끝났다는 것을
받아들여야 합니다.
그래서 언제나 버림받은 사람은
혼자 슬퍼하는 시간이 긴 것이랍니다.

남자는 여자가 한번 돌아서면
　　　　　　　돌아오지 않는다고 말하고,
여자는 남자가 한번 돌아서면,
　　　다시 돌아오지 않는다고 말한다
그것은 여자가 남자를 포기해야 하는 이유가 되고,
남자가 여자를 포기해야 하는 이유가 된다.
혼자 마음대로 먼저 떠나버린 사람은
붙잡을수록 발길을 재촉한다.
　잡으면 잡을수록 그는 거칠어지고
　　　　　마음속의 바닥을 드러낸다.

왜 다시 만나기 힘들까

이미 한번 결별을 선언했다면,
깨어진 사랑을 다시 붙이는 것은 어렵다.
어렵게 다시 이어간다고 해도 이별 통보를 받았던
사람은 언제나 불안해한다.
상대가 마냥 **나를 좋아한다**고 생각했을 때는
그를 믿을 수 있지만,
때에 따라서는 내게 등을 돌릴 수도 있다는
생각은 배 신 감 으로 남기도 한 다.

누군가가 일방적으로 정리해버렸다면,
사랑을 함께 한 사람으로서는 매달릴 수밖에 없다.
어느날 갑자기 날아든 이별통보는
　　너무 불공평한 것 이 기　때 문 이 다 .

이별 후에 정말 해야 할 일

헤어진 뒤에 무얼 하며 보내시나요?

헤어지고 나면 남 같아서
그 사람이 미워지기도 합니다.
내 사람이었다가
그냥 모르는 사람이 되어도
길가에 낯선 행인처럼
생각할 수는 없는 노릇입니다.
옛 사랑이 잘 살고 있는 것도
옛 사랑이 못 살고 있는 것도
마음은 편치 않습니다.
어떤 이들은 헤어지고 나서
옛 애인을 미워하기도 합니다.
어리석게도 험담을 하기도 하고
뒷담화를 하기도 합니다.
때로는 복수를 하기도 하고
저주를 퍼붓기도 합니다.
사랑을 시작할 때 했던 약속들은
사랑을 하기 위한 과정일 뿐
사실 잘 지켜지지 않습니다.
이별 후에는 그 사람을 미워할 것이 아니라
나 자신을 좀 더 사랑해야 합니다.

나를 사랑해야 하므로
그 사람을 더 이상 생각하지 말고
나를 사랑해야 하므로
그 사람이 불행해도 모른 척 해야 하고
나를 사랑해야 하므로
그 사람이 새로운 연애를 시작했다고 해도
축복해줄 수 있어야 합니다.
누군가를 미워하는 것보다
내가 나를 사랑하는 편이 더 쉽습니다.
누군가를 미워하면 스스로 어지러워지지만
내가 나를 사랑하면 마음이 평안해지기 때문입니다.

사랑이 끝나면 친구도 될 수 없다.
옛 애인에게서 우정을
느끼는 것은 **불가능하다.**
어쩌면 그 감정은
옛 사랑을 존중하는 마음일 수도 있다.
옛 애인은 새로운 애인이
절대로 용납할 수 없는 존 재 가 　 된 다 .

그 사람, 잡지 않길 잘했어

그 사람 놔주는 게 후회로 남을까요?
그 사람 잡는 게 후회로 남을까요?
네가 놔줘도 잡아도 그 사람 마음은 변하지 않겠죠?

남자가 헤어지자고 말했을 때
여자는 머릿속이 온통 하얗게 변했습니다.
무슨 말을 해야 할지 모르겠고
지금 당장 그 사람이 사라질 지도 모른다는 생각에
두려웠습니다.
"그동안 고마웠어."
툭툭 털고 일어나는 남자의 표정은
슬픔보다도 미안함이 역력합니다.
여자는 이 순간이 마지막이라는 생각이 들었습니다.
벌떡 일어나 그를 붙잡고 싶었습니다.
'지금 당장 애원해 볼까.
무슨 문제가 있는지 대화를 해보자고 할까.
아니면, 그가 보는 앞에서 엉엉 울어볼까.
잘못했다고 말해볼까.
다시 한 번만 기회를 달라고 해볼까.
이대로 그를 가게 해주는 것이 맞는 걸까.
내가 매달리면 그가 내 마음을 받아줄까.
앞뒤 문제는 중요하지 않습니다.
지금은 그가 떠나려는 상황입니다.
일단 그를 잡아줘야 합니다.

여자가 오만가지 생각을 할 즈음,
남자가 먼저 일어서며 말했습니다.
"이제 우리 친구로 지낼 수 있겠지?"
여자는 마음이 쿵쾅쿵쾅 뛰었습니다.
머릿속에 떠올랐던 생각 중 하나는
행동으로 옮겨야 했습니다.
하지만 그 어떤 것도 통하지 않을 것 같습니다.
여자는 내뱉습니다.
"그래."
수많은 생각이 만들어낸 너무나도 짧은 한 마디.
여자는 그렇게 남자를 보냈습니다.
그가 나가는 모습을 지켜보면서 몇 번이고 따라나가고 싶었습니다.
언젠가 우연히 남자를 만나도
서로 어색하지 않게 인사를 나눌 수 있는 것
헤어지고 나서도 미워하지 않게 되는 것
그를 통해서 스스로 얼마만큼
못난 사람인지 확인하지 않는 것
다시 시작한 애정 없는 연애에 지치지 않는 것
그가 자신을 매달리지 않는 여자로 기억하는 것을
원하기 때문이었습니다.
헤어지고 만나는 문제는
더 사랑하는 쪽이 결정할 문제가 아닙니다.
그것은 마음이 떠난 사람이
결정할 문제입니다.

정말 사랑한다면, 이별을 함부로 말하지 않는다
때로 사소한 트러블로 '헤어지자'고
엄포를 놓는 사람이 있다.
하지만 그런 사람은 이내 다시 돌아온다.
그가 이별을 정말 원했던 것이 아니기 때문이다.
이별 뒤에도 그가 영영 떠나갔다면,
그는 오래전부터 당신에게 마음이 떠난 것이다.
그도 오랜 생각을 했다.
그 사람과 헤어지는 것이 과연 가능할지….
당신과 헤어져도 괜찮을지….

버림 받은 뒤에 **다시 만난다면**

헤어진 애인을 다시 만난다는 것은 그 어떤 사랑보다도 어렵다.

연인의 싸늘한 눈길을 목격하고 험한 말투를 들었다면,
모든 것을 다시 시작한다고 해도 마음이 그 기억을
다 털어내지 못한다.

버렸던 사람은 또 버릴 수 있고, 버림 받았던
사람은 사랑이라는 이름의 미움을 마음속에 간직하고 있다.

매달리고 싶은 마음이 굴뚝같아도

매달리면 돌아올 것 같은 생각은 헛된 희망이다.

매달리고 싶은 마음도 가려운 곳이 있으면 긁고 싶은 욕망처럼 우리의 영혼을 자극한다. 떠나는 사람에게 이유를 물어본다 한들, 타당한 것은 없다. 이대로 이별을 당할 수 없다는 생각에 미련이 불끈 솟아올라도, 그 한 순간만 참으면 된다.

꼭 말로 해야 해?

아무 말 없이 이별 통보도 없이 어느 날 갑자기 헤어진 적 있나요?

여자는 점점 뜸해지는 남자에게 묻고 싶었습니다.
'이제 내가 싫어진 거니?'
하지만 말하지 못했습니다.
여자는 평소처럼 남자와 데이트를 했습니다.
"잘 가."

남자는 여자의 집에서 가장 가까운
전철역에서 헤어졌습니다.
특별한 말도 없이 두 사람은 헤어졌습니다.
여자도 남자도 그날 헤어져야겠다는 생각은 없었습니다.
먼저 연락하지는 않아도
그가 먼저 연락하면 받아주겠다……
그리고 남자도 여자도 먼저 연락하지 않았습니다.
그것이 2년 간 만남의 끝이었습니다.
여자는 한참 뒤에 물었습니다.
"헤어지자고 적어도 그렇게 말했으면 좋았을 텐데…."
그러자 그가 말했습니다.
"그걸 꼭 말로 해야 해?"
이별은 말로 하지 않아도
알아들을 수 있는 것입니다.
사랑도 그렇습니다.
그 사람의 웃음. 다정함.
그 모든 것을 느끼면서도
이것이 사랑인지 묻고 싶어집니다.
사실 사랑이라고 생각했던 일이
사랑이 아니고
이별이라고 생각했던 일이
이별이 아닐 수도 있습니다.
사람들은 모두 자기만의 창으로
마음을 바라보니까요.

피부가 먼저 느끼는 일을 말로

물어보고 싶다면

당신의 마음이 그 사람을 잡고 싶은 것이다.

이미 충분히 느끼고 있는 것인데도
상대에게 확답을 받고 싶은 것이다

확답은 때로 상처를 남기기도 한다.

헤어지자는 말을 잘하기는 어렵다
누구도 타인에게 미워할 구실을 주려고 하지 않는다.
그 사람이 받을 상처, 그 사람이 나를 앞으로 미워할 지 모른다는 생각 때문에 이별을 말하지 못 하는 사람도 있다.

사랑 앞에서 눈치는 없어도 좋다
어떤 이들은 마지막 희망을 확인하고자 확답을 받으려 한다.
하지만 확답은 받으려고 할 수록 갈증 이 난 다.

사귀자고, 헤어지자고 해놓고
함부로 취소하지 말아요

확신도 들지 않는 사람에게 설레본 적 있나요?

여자는 행복했어.
마음에 둔 그 남자가 먼저 사귀자고 그랬거든.
그 남자의 연인이 될 생각을 하니
밥 안 먹어도 배부른 거야.
매일매일 그 남자와 통화하고 메시지를 보내고
데이트를 할 생각을 하니
일 안 해도 공부 안 해도 좋은 거야.
그런데 이게 웬일이야.
어느날 남자가 심각하게 말했어.
"너, 나와 사귀는 거 어떻게 생각하니?"
사실 그건 여자에게 묻는 게 아니었어.
남자가 남자 스스로에게 묻는 물음이었어.
남자는 여자와 사귄다는 것이
연애자체가 부담스럽다며 없던 일로 하자고 했어.
사귀자고 말한지 겨우 일주일 밖에 안 되었지.
여자는 끈 떨어진 연처럼
바람빠진 풍선처럼 낙담했어.
일주일 동안은 정말 행복했으니까 괜찮다고
위무해봐도 쓰린 속은 달래지지 않았어.

어떤 이들은 그래.
마음 가는대로 특별한 확신도 없이
그냥 사귀자고 해.
그런데 그게 빈말인지,
진심인지 어떻게 알겠어?
남자는 여자에게서 이별통보를 받았어.
'이제 끝이구나.'
남자는 슬펐어
그런데 여자에게 얼마 가지 않아
연락이 왔어.
- 뭐하니?
- 바쁘니?
- 잘 지내니?
남자는 대답을 해야 할까,
무시를 해야 할까 고민했어.
나중에 여자가 말했어.
"우리 다시 만날까?"
남자는 고민에 빠졌어.
사실 듣고 싶은 말이었거든.
그녀와 헤어지고 너무 슬펐거든
여자는 그냥 기분에 따라
말하는 거야.
사귀자고,
헤어지자고

남자는 그걸 알면서도 받아줬어.
마음대로 떠나가고,
마음대로 다가올 것을 알면서
사귀자고,
헤어지자고
연인에게 운명이 걸린 그 말을
장난처럼 하지 마.
한때의 기분에 취해
진심인 것 같아도
그런 말은 너 자신이 아니라
너의 소중한 연인의 입장이 되어서 해야 해.

한 번쯤 나를 위해 말해주면 안 되겠니

네가 사랑이라는 감정이 떠올라서

사랑한다고 말하지 말고,
나를 위해서 사랑한다고 말해주면 안 되겠니.

네가 떠나고 싶어서 이별을 말하지 말고

나를 위해서 이별을 말해주면 안되겠니

사랑받는다고 생각할 때 변덕도 부릴 수 있는 것이다
상대가 나에게 이해심이 없다면 나를 사랑하지 않는다면
마음대로 말을 바꿀 수 없다.
변덕을 받아주면 쉬운 사람이 되는 것이다.

지나고 나면 오글거리는 것들

후회하게 될 줄 뻔히 알면서도 해본 말이 있나요?
지금의 행복과 지금의 비참함도
나중에는 하잘 것 없어진다는 걸 알고 있나요?

여자는 처음 남자에게서
헤어지자는 말을 듣고
그를 달래보려고 했습니다
"다시 생각해봐. 응?"
웃는 얼굴로 떠나가려던 그가
조금 당황했습니다.
"미안. 그래도 안 되겠어."
여자는 남자를 잡고 싶었습니다.
처음 몇 번 여자의 전화를 받아주던 남자는
짜증이 났습니다.
"알아듣게 이야기했는데……"
여자도 남자의 말을 알아들었지만
헤어지기 싫은 것입니다.
남자는 점점 여자의 전화를 받기 싫었습니다.
문자 메시지나
'카톡' 메시지가 날아오면
마지못해 단답형 답장을 보내기도 했습니다.
하지만 그것도 잠깐
남자는 여자의 연락을 묵살해버렸습니다.

전화기를 꺼두거나 아예 번호를 바꾸고 싶어졌습니다.
한때 사랑했던 사람인데도
그녀가 집착할수록
만정이 떨어졌습니다.
"정말 골칫덩이네."
매달리는 여자는 점점 필사적이 되어갑니다.
그녀의 머릿속에는
사랑했던 시절의 장밋빛 추억만이 가득하거든요.
그렇게 상냥하고
다정했던 그가 변한다는 것을 받아들이지 못합니다.
남자가 끝내 돌아오지 않자
여자도 포기했습니다.
정말 어느 날 갑자기
여자는 자신도 모르게 단념했습니다.
그리고 몇 년이 지난 후
그 남자의 소식을 묻는 친구의 말에
문득 생각났습니다.
그와 마지막에
여자 스스로 얼마나 매달리고
비참한 꼴을 보였는지
새삼 생각났습니다.
언젠가 남자가 했던 말이 생각났습니다.
"너 그렇게 울고불고 난리쳐도
나중에 내가 왜 그랬나 생각하는 날이 올 거야."

남자의 말은 맞았습니다.
그때 왜 그렇게 그 사람이 없으면 안 될 것처럼
매달리고 아쉬운 말을 했을까요?
어쩌면 남자는
아직도 여자를 찰거머리처럼 매달리는 여자로
기억하고 있을 지도 모릅니다.
여자는 이제 불편해졌습니다.
그때 차라리 쿨하게 돌아섰더라면
사랑도 이별에도 눈썹 하나 까닥 안 하는 쿨한 여자로
기억되었을 텐데요.
정말 지나고 나니 아무것도 아닌데
그때 왜 그렇게 이별이 두려웠을까요?
이별만 그런 것도 아닙니다.
사랑할 때 벌였던 유치한 짓들
그때는 달콤하고 행복하기만 했는데
헤어지고 나서
세월이 흐른 뒤에 생각해보면
오글거릴 때가 있답니다.
미래의 나만이 알고 있는 것이 있습니다.
바로 당신의 마음도 언젠가는 변한다는 사실입니다.

매달리는 것도 중독이다.
처음에 한번 마음을 다잡는 것이 중요하다.
일방적 이별통보에는 방법이 없다.
미련따위는 오히려
마음을 정리하는 데 해가 된다.
한번 매달리면 그 수렁으로 빠져든다.
그가 마지막 연락을 했을 때
더 이상 응수하지 마라.
그것은 그 사람을 상처주기 위한 것이 아니라
당신을 위한 것이다.

너와 헤어지고 나서
진짜 슬퍼했던 이유는

그 사람을 사랑하기 때문이 아니라 혼자가 되기 싫어 헤어지지 못한 적 있나요?

네가 헤어지자고 했을 때
솔직히 너를 잃는 것이 두려운 건 아니었어.
우리 사실 지겨워질 때도 됐고 사소한 걸로도 참 많이 싸웠잖아.
그런데, 난 너 잡고 싶었다?
너랑 헤어지면 나 너무 힘들어질 것 같아서
20대 동안 나 너 만나느라고 친구에게도 소홀했어.
다른 사람은 만나본 적도 없어.
그래도 '10년이나 만나온 사람이 있다'고
말할 수 있어서 좋았어.
다시 누군가를 만나 연애를 해야 한다는 게
너무 두려워. 정말 막막해.
어떻게 이 모든 걸 처음부터 다시 시작해?
이제 다시 사랑이 올까.
또다시 사랑에 상처받지 않을까.
이제는 사랑이고 뭐고
그냥 잠깐 만나 결혼할 사람이나 찾았으면 좋겠어.
너는 안 그러니?
새로운 사랑을 기다리고 있니?
이 모든 걸 다시 시작해야 하는 게
두렵지 않니?

사랑은 두려움이거나 설렘이다.
사랑에 도전적인 사람은
　　얼마든지 다시 사랑을 시작할 수 있다.
상대에게 의지하기보다
　　아마도 스스로 의지가
　　　　되 어　주 었 을　것 이 다 .

부탁해,
매달리지 말아줘

헤어질 수 없는 이유가 사랑 말고 또 있을까요?
혼자가 되는 것보다 날 사랑하지 않는 애인과 함께 있는 편이
낫다고 생각한 적 있나요?

여자는 한 남자를 만나 연애했어.
친구들에게는 말하지 못했지만
깊은 관계도 가졌지.
솔직히 다들 그렇잖아.
안 그런 사람들도 있지만…….
그런데 이 남자,
결혼 이야기만 하면 도망가려 하잖아.
그때부터 여자는 다른 일은 모두 제쳐두고
남자 곁에서 떨어지지 않았어.
도망가려는 남자에게
매달리고 사정하고 아주 난리도 아니었지.
남자도 여자가 자길 이렇게 좋아해주나 보다, 하고
결혼했지
사실 결혼할 나이가 좀 지나기도 했거든.
그런데 말이야 여자는 조금도 행복할 수 없었어.
결혼을 했다고 해도
남자는 도망을 가거든
결혼을 했다고 해서 그 사람이
영원한 내 사람이 되는 건 아니거든.

남자는 싸울 때마다 말했어
"아, 그때 헤어졌어야 했는데!"
여자는 늘 그 말을 듣고 살아.
도망가려는 사람하고는 결혼하지 말아.
설령 네 마음이 가진 모든 것과
순결을 줬다고 해도 결혼하지 마.
사랑한다는 말만 들어도 부족한 세상인데
왜 매달렸다는 이유로
원망과 푸념을 듣고 사니.
가장 가까운 사람에게서
그런 말을 듣는다는 건
스스로 너무 초라해지는 일이야.
도망가려는 남자가 있으면
매달리지 마.
대신 침을 뱉어줘.
"흥! 이 나쁜 놈!
나중에 결혼하거든 마누라가 애 셋 낳고 도망가 버려라!"

그대가 사랑해야 할 사람은
그대를 위해 모든 것을 바치는 남자다
그 남자 때문에 바닥으로 떨어지거나 하늘 위로 올라가지 마라.
운명은 그대 스스로 선택하는 것이다.

아무리 달콤했던 사랑도 배신당한 뒤에는 증발시켜야 한다
사랑했던 기억 때문에 현재를 망치지 말아야 한다.
사랑이 끝난 뒤에는 사랑은 의미가 없다.

너를 배신한
그 사람을 용서하지마

용서하지 않는 길은
단 하나뿐이다.

그 사람과는
다시는 만나지 않는 일.

세상을 구했다고 해도, 날 버렸으면 나쁜 놈이다
누군가의 좋은 아들, 누군가의 좋은 친구,
누군가의 좋은 **선후배, 동료**라고 할 지라도
나를 버린 남자라면   나　쁜　 놈 이 다.

한 남자에게 몸과 마음을 다 줬다고 해도,
새로운 사랑이 나타나면 그 몸과 마음은 다시 생기는 것이다.
　몸과 마음, 다 줬다고 해도 아니,
　　다 준 것 같아도 또 생기기 마련이야.
　　　사랑이란 그래. 잘라내도 다시 생기는 간처럼
　　　아무리 두동강 세동강 내도 작아지지 않고
　　　분열하는 플라나리아처럼, 또 생기고 또 생기는 것이다.

헤어진 애인과 친구가 된다고?

갑자기 걸려온 그 사람의 전화… 그리고 보고 싶다는 말
안 된다고 생각하면서도 마음이 끌렸던 적 있나요?

여자는 놀랐습니다.
옛 애인에게 연락이 왔기 때문이죠.
다른 애인들은 헤어지고도
밤에 술 취한 목소리로 전화를 걸어온다던데
그 남자는 정말 전화 한 통 없었습니다.
긴 연애 끝에 여자는 정말 많이 매달렸습니다.
하지만 남자는 이미 다른 사랑이 생겼다며
떠나갔습니다.
그렇게 모든 것이 끝난 줄 알았는데
그가 어느날 갑자기 연락한 것입니다.
이대로 만나도 될까.
그 남자와는 서로가 좋아하는 것이 무엇인지
습관이 어떤지 쏙쏙 알고 있는 사이입니다.
처음 만난 사람처럼 어색하지도 않고 너무 편합니다.
그래서 여자는 고민합니다.
지금은 애인이 없다는 그 사람, 만나야 할까?
마음속으로는 수천번 부정하면서도
친구로 지내는 것은 좋다고
스스로를 위무합니다.
그렇게 가끔 그 친구를 만났습니다.

친구일 뿐이야.

친구.

그러던 어느 날

남자에게 또 애인이 생겼습니다.

하지만 또다시 애인을 빼앗긴 것처럼

여자는 비참해졌습니다.

아무리 친구로 포장해도

옛애인이라는 사실은 변하지 않습니다.

가끔 욕심 많은 사람은

혼자가 되어 고독해졌을 때

자신을 가장 좋아해주던 사람을 그리워하게 됩니다.

'그 사람만큼 날 좋아하는 경우도 없었는데, 아깝네.'

그리고 어떤 이는

자신을 버린 사람을 평생 사랑하며 기다립니다.

하지만 사랑이란

끝이 나고도 후회가 없어야 합니다.

"좋은 사람이었어.

하지만 인연이 아니었어."

하지만 헤어진 애인과 만나

이별을 반복하면 생각합니다.

"괜히 그랬어. 무시할 걸 그랬어."

자신의 선택을 자꾸 후회하게 됩니다.

그래서 헤어진 사람을

다시 만나면 안 되는 겁니다.

생일날 가장 먼저
날 축하해준 너

너무 늦게 그 사람의 연락을 받아본 적 있나요?
진심을 알고 있어도 연락이 끊겨 사랑을 끝낸 적 있나요?

오래 전 내 생일이었어.
우연히 메일함을 열다가 편지 한통이 와 있는 걸 봤어.
너였어.
언젠가 우리가 한번 헤어졌을 때
너는 메일로 편지를 보냈지.
그래서 우리는 다시 만났어.
참 사랑했는데 인연은 아니었나봐.
이제 나한테는 다른 사람이 생겼고
이제 널 잊어가는데

내 생일 아침 아홉시.
너는 내게 생일 축하한다는 메일을 보내왔어.
너는 아무것도 모르겠지.
내가 왜 이제 너에게 전화를 안 하는지
아직도 내가 널 기다리고 있을 거라고
생각했겠지.
메일 속에서 네가 미안하다는 말…….
다시 만나도 될까라는 말…….
그말을 보다가 메일을 지워버렸어.
난 다른 사람이 생겼으니까.
근데 있잖아.
샤워를 하는데 눈물이 나더라.
이제는 돌이킬 수 없는데
눈물이 났어.
새로운 사랑을 하면서 다 잊었다고 생각했는데
그게 아니었나봐.
나 널 정말 좋아했나봐
답변이 없는 나 때문에
너는 마음이 아팠을 거야.
하지만 할 수 없었어.
나는 너무 멀리 가버렸으니까.
너를 잊고 싶어서
정말 멀리 가버렸으니까.

좋은 이별로 진짜 사랑이 될 수 있다.
사랑이란 분노나 배신이 아니다.
마음 속에 잔잔히 샘솟는
차가운 샘물같은 것이다.
사랑했던 사람에게 주었던 것이 아까운가.
당신이 준 그것이 그 사람의 가슴에는
사랑으로 남았을 것이다.

마지막에 할 말은 정해져 있다

마음에도 없는 말을 웃으며 해본 적 있나요?

이별을 고하는 남자에게
여자는 잠깐만 시간을 내달라고 했습니다.
남자는 만나주지 않으려고 했습니다.
더 이상 여자에게 할 이야기가 없었기 때문이지요.
여자도 남자가 더 이상 돌아오지 않는다는 것쯤
이미 알고 있습니다.
하지만 이대로 가만히 있을 수도 없었습니다
그를 붙잡아 무슨 말이라도 하고 싶었습니다
그가 그대로 떠나가는 것을 보고 있는 것은
바보 같은 짓이니까요.
여자는 몰래 남자의 회사로 찾아가
그가 퇴근할 때를 기다렸습니다.
전화도 받아주지 않고 만나주지도 않는 남자를
보기 위한 방법은 이런 것밖에 없습니다.
남자는 이미 여자에게 변심한 사실을 털어놓았고
충분히 미안하다고 사과했습니다.
하지만 그게 '미안하다' 한 마디로
정리할 수 있는 것은 아닙니다.
"잠깐만······."
여자는 아주 잠시 남자를
자신의 곁에 붙들어 매어 둘 수 있었습니다.

"뭔데? 무슨 일이야?"

남자의 말에 여자는 머뭇거립니다.

하고 싶은 말이 너무 많은데 모두 그가 들어주지 않을 이야기입니다.

가슴이 터져나갈 것처럼 답답한데

짧은 말로 줄이려니 엄두가 나지 않습니다.

사랑이 끝났을 때 아직 정리되지 못한 사람을

기다려주는 것도 예의지만

사랑이란 한번 마음에서 종적을 감추면

최소한의 예의까지도 잊어버리는 법입니다.

순간 여자는 생각했습니다.

'내가 가지지 못한다면

차라리 이 남자가 세상에서 없어져버렸으면 좋겠어……'

남자는 시계를 보며 불편한 표정을 지어 보입니다.

여자는 무슨 말이라도 해야 하지만

그 어떤 말도 할 수 없는 상황이었습니다.

그리고 또 다른 한 여자

그녀는 지금 애인이 사랑한다는 A를 만나고 있습니다.

A를 만나 그와 헤어져 주면 안 되겠느냐고

A를 나에게 양보해 달라 그렇게 말하고 싶었습니다.

하지만 A는 그가 사랑하는 여자는 자신이며

절대로 포기하지 못한다는 말을 합니다.

"이만 바빠서 갈게요."

"잠깐만요."

여자는 1분 1초라도 A와 더 있고 싶었습니다.

무슨 말이라도 해야 하지만 입이 떨어지지 않았습니다.
A가 너무 얄미워 주스를 그녀 얼굴에 쏟아버리고 싶기도 했고
뺨이라도 한 대 때려주고 싶었습니다.
무슨 말을 해도 A는 여자가 원하는 것을 들어주지 않을 겁니다.
문득 여자는 생각합니다.
'저 여자만 없으면 돼. 저 여자만……'
가끔 어떤 이들은 자신을 떠나려는 애인과
애인에게 생긴 새로운 연인을 해치기도 합니다.
하지만 변심한 애인이 사라진다고 해서
마음속의 사랑이 비워지는 것은 아니며
애인의 새로운 연인이 사라진다고 해서
그 사랑이 돌아오는 것도 아닙니다.
다만 원치 않는 이별 속에서 잠자코 있는 것은 어렵습니다.
'뭐라고 해야 해. 뭐라도……'
무슨 말이라도 해야 하지만 할 수 없다면
더 이상 이 세상에 존재하지 않았으면 좋겠다고
생각되는 사람들을 당신의 세계에서 쫓아내면 됩니다.
그럼 가장 마음에도 없는 말을 하세요.
"잘가. 난 네가 행복했으면 좋겠다"
"그 사람을 행복하게 해주세요."
더 이상 당신과 만나지 않고
얽히지 않고 이대로 남남이 되어버린다면
그것이 바로 이 세상에서 사라져버린 것과 마찬가지랍니다.

사랑은 절박할수록 멀어진다

행복한 사랑이라면 절박해지지 않는다.
상대에게서 사랑받고 있다면, 오히려 마음은 충만해진다.
연인에게서 거리감을 느끼면 마음은 절박해진다.
애인이 나를 사랑할 때보다 애인이 나에게서
멀어질 때 마음은 절박해 질 수 있다.

마음이 돌아선 일에는 말도 필요없기 때문이다.
이미 마음이 돌아섰다면 어떤 말로도
상황을 변경시키기 어렵다.
그동안 얼마나 사랑했는지 과거에 했던
사랑의 맹세가 어떠했는지 말하는 것은 부질없다.

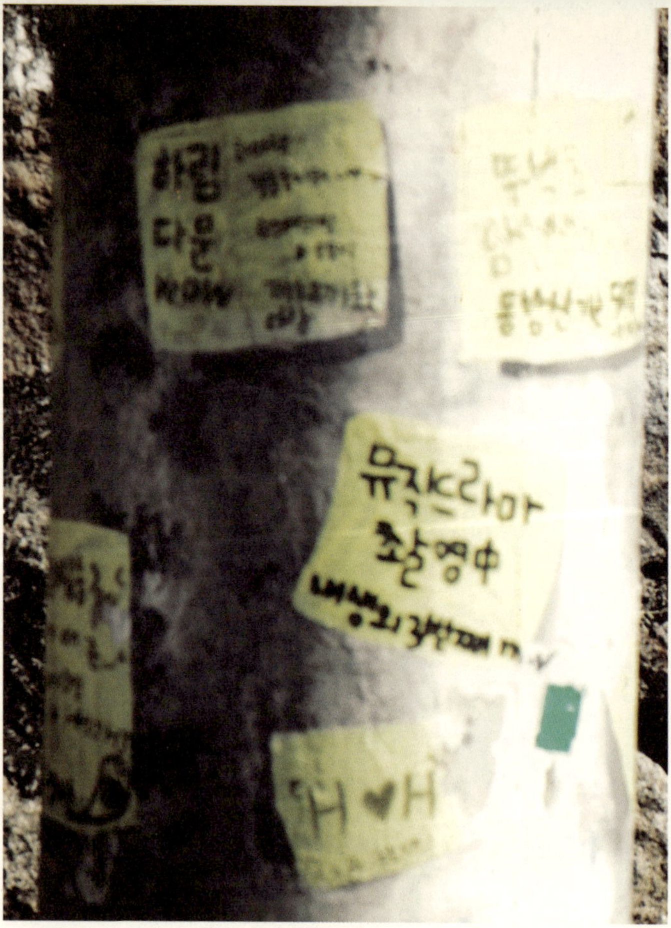

당신이 생각하는 마지막 희망은 사실은 가장 부질없는 것이다
이미 관계가 순탄하지 않는다는 것을 알면서도,
　　혹시 내가 오해한 것이 아닌가
　　그의 진심은 따로 있을 거라고 생각하기도 한다.
　　그래서 나에게 관심도 없는 사람을 찾아가
　　속 깊은 이야기를 한답시고 도리어 상처를 받기도 한다.
　　사랑했던 사람이 아무리 그리워도
　　　'왜 내가 싫어졌느냐'고 묻 기 위 해 만 나 지 는 마 라 .

헤어지자는 말은 그냥 하지 말아요

홧김에 헤어지자고 말해본 적 있나요?

여자는 남자친구와 싸웠습니다.
아주 사소한 문제였는데
남자친구도 지지 않고 대꾸했습니다.
화가 머리끝까지 난 여자는 남자에게 말했습니다.
"헤어지자!"
가만히 생각해보니
요 며칠 동안 남자의 행동이 거슬렸습니다.
무슨 말을 해도 편들어주기는 커녕
딴지만 걸었던 것 같습니다.
여자는 곧장
휴대전화에서 남자의 연락처를 지우고
남자의 연락을 받지 않았습니다.
그러고나니
화가 나서 어쩔 줄 몰랐던 감정들이 누그러졌습니다.
꼭 헤어지자고 해야
직성이 풀리는 경우는 있습니다
남자는 손이 발이 되도록 싹싹 빌었습니다.
"미안해. 응?"
여자는 몇번 남자에게
서운했던 것도 털어놓고
대화를 하려고 했었습니다.

그런데 남자는 말을 뚝뚝 자르기만 할뿐
서로 소통을 하지는 못했습니다.
언제나 변하지 않을 것 같던 남자가
헤어지자는 말 한 마디에
너무나도 달라지자 여자는 놀랐습니다.
상대에게 떠날 수 있다는 의지를 보여주는 것은
그만큼 그를 긴장하게 합니다.
헤어지자는 말은 정말 헤어지고 싶을 때
쉽게 나오지 않습니다.
말도 하기 겸연쩍어서 은근히 피하고 싶어집니다.
가장 자신있게 헤어지자고 할 수 있는 순간은
바로 팽팽하게 싸울 때입니다.
싸움을 멈추기 가장 좋고
홧김에 나온 말이라 조금도 주저하지 못합니다.
하지만 그렇게 나온 말은 실수입니다.
남자는 마음에 담아둡니다.
"아무리 화가 났다고 해도
그런 말을 어떻게 그렇게 쉽게 할 수 있어?
차라리 욕을 하고 몇 대 쥐어박는 게 낫지.
그런 말을 어떻게 해?"

사랑한다는 말, 헤어지자는 말 모두 농담일 수는 있다.
사랑한다는 말도 진심일 수 있고
　　　농담일 수 있다.
헤어지자는 말도 마찬가지다.
　　사랑한다는 빈말에는 버틸 수 있지만
헤어지자는 빈말은 참기가 어렵다.
　　또한 두 말 모두 진심과 농담인지 구분하는 것은 쉽지 않다.

나를 잊지 못하는 너를 보면

매달리는 그 사람에게 매몰차게 굴어본 적 있나요?
정말 지독한 상처를 주고도 아무렇지도 않은 적 있었나요?

똑같이 사랑했는데도
그 사랑을 더 오래 기억하는 사람은 있습니다.
여자는 오늘도 남자에게 문자메시지를 한 통 받았습니다.
"뭐하니?"
여자는 남자와 헤어진 지 벌써 두달이 넘었습니다.
하지만 남자는 여자의 곁을 떠나지 못하고
가끔 전화도 하고 연락도 합니다.
여자는 몇번 대꾸를 해주다가 이제는 그냥 모른 척합니다.
하지만 그럴수록 남자는 더욱더 많은 연락을 했습니다.
'그녀가 한번만이라도 받아준다면······.'
여자는 참다못해 그의 번호를 스팸등록해버렸습니다.
매몰차게 한 마디해주고 싶었지만
더욱 그에게 말려들어가는 것 같아 그만두었습니다.
'무시가 답이야.'

헤어지고 나서도 나를 그리워하는 연인은
거추장스럽고 답답하게 여겨집니다.
차라리 곧 새로운 애인을 만나
행복을 찾는 모습을 보는 편이 훨씬 낫습니다.
헤어지고 나서 내 존재가 더 소중해진다는 것은
생각과 달리 불쾌한 일입니다.
'싫다고 했는데,
자꾸만 들이대면 어쩌란 거야.'
이 세상에 가장 냉정한 사람은
한때 사랑했다가 지금은 인연을 끊어버린 사람입니다.
매달리는 사람은
매달림으로써 상대가 더 멀어진다는 것을 알면서도
혹시나 하는 희망을 버리지 못합니다.
몹시 사랑했던 사람을 내쳐본 사람들은
아주 훗날에 그 사람을 기억해냅니다.
생애에 자신을 그만큼 사랑해준 사람은 없었다고
깨닫는 날은 반드시 오기 때문입니다.

03.
바보그 남자 사랑이야기

왜 사랑을 하지 않는 거야?

지금 연애하고 있습니까?

요즘은 사랑을 하지 않는 사람들이 많은 것 같아.
얼마전부터는 독신들이 많아져서 결혼을 안 한다더니,
이젠 결혼이 아니라
사랑까지 않는 사람이 많아진 것 같아.
이유들은 많아.
나 혼자 벌어먹고 살기도 힘들고
솔직히 내 껄 둘이서 나눠 먹는 것도 싫고
사랑을 하지 못하는 핑계는 참 많아.
옛날에는 더 가난했고 힘들었던 시기가 많았어.
그런데도 사람들은 사랑을 했지.
로미오와 줄리엣의 모티브가 되었다는
신화 속 티스베와 피라무스는 사랑에 목숨을 걸었지
많은 사람들이 당연하게 결혼했어.
연애결혼이든 정략결혼이든
아무리 가난하고 힘들고 모두가 말리는 이유가 있어도
결혼은 해야 하는 거라고 생각했거든.
근데 요즘은 안 그런 것 같아.
사랑은 안 해도 되는 거야.

바빠서 안 할 수도 있고 귀찮아서 안 할 수도 있고
일 때문에 취미 때문에 안 할 수도 있는 거야.
사랑하면 마음이 아프니까.
몸이 바빠지니까.
사랑보다 중요한 게 정말 많아졌어.
나를 사랑해야 할 때는 사랑을 잃었을 때야.
하지만 사랑을 갖기도 전에 너무 스스로만 사랑하는 것 같아.
사랑이 사라지면서
우리에게 타인의 의미는 점점 약해지는 것 같아
나 역시 누군가의 타인일 텐데 말이야.
하지만 이거 아니?
내가 나를 사랑하는 건 좋은데
너무 사랑하면 정말 외로워진다는 것을.
누군가를 사랑하며
사랑받으며 사람은 빛나게 되어 있어.
"사랑할 줄 모른다. 사랑한 적도 없다."
이렇게 말하는 너.
사실은 사랑에 관심 없잖아.
사랑말고도 행복할 수 있다고 믿잖아.
정말로 사랑할 마음이 없었던 거잖아.
누군가를 너 자신보다 더 사랑할 것이 두려운 거잖아.

지금 필요한 것은 사랑이 아니라
양보와 이해야

사랑한다면서 만나기만 하면 싸운 적 있나요?

남자는 여자를 이해할 수 없었습니다.
헤어지고 나면 보고 싶은데 만나면
싸우기만 하는 그녀 남자는 점점 지쳐갔습니다.
그녀는 고집쟁이입니다.
한번 꼬투리가 잡히면
반드시 잘잘못을 가리려고 합니다.
남자도 여자에게 지기만 할 수는 없었습니다.
그러다보니 점점 힘들어졌습니다.
"너희는 왜 그렇게 싸우니?"
친구의 물음에 남자는 조금 생각했습니다.
"사랑하니까……. 사랑해서 자꾸만 싸우게 되는 것 같아."
사랑해서 그 사람을 행복하게 해주는 일보다
사랑해서 그 사람을 슬프게 하는 일은 더 많습니다.
내 사랑이 넘치고 너무 깊어서
그 사람이 약속 시간에 늦고 이따금 전화를 잘 안 받거나
다른 사람과 친밀한 모습을 보이면
싸우게 되는 것입니다.
평범한 대화 속에서도 조금이라도 나에게 소홀하면
그 감정 때문에 괜한 꼬투리를 잡고

옥신각신 다투게 됩니다.
이미 사랑하고 있다면
사랑으로만 연인을 대할 필요는 없습니다.
연인에게 필요한 것은 양보 그리고 배려입니다.
'난 너를 믿어.'
사랑하는 사람에게는 '사랑한다'는 말 한마디면 됩니다.
사랑은 불같은 감정이라 오해를 만들고 싸우게도 만듭니다.
하지만 양보와 배려는 그 사람을 믿게 해줍니다.
사랑하는 사람과 다투었나요?
한 발짝 그 사람을 위해 양보해보세요
싸움에서 필요한 건 사랑이 아니라 양보입니다.
지는 것과 양보하는 것은 다른 것이랍니다.

싸우지 않으면 애정도 없다
사랑의 애착은 때로 연인과 싸움을 만들 수 있다.
애정이 많을수록 더 자주 싸울 수 있다.
하지만 만나기만 하면 싸우고 불화한다면 서로가 지친다.
싸움은 상대의 마음에 상처를 남길 정도가 되면 안 된다.

상대가 져주는 걸 모르는 연인은 없다
누군가의 성공에는
또 다른 누군가의 희생이 있기 마련이다.
싸움에서 이긴 사람이 있다면
분명 져준 사람도 있다.
사랑싸움에서 이겼다고 해도
상대가 져줬다는 것은
누구나 알고 있다.
나에게 져줄 수 있다는 것.
그것 또한 사랑이다.

사랑해서 싸우고 사랑해서 헤어질 수 없다
연애가 힘든 이유는 상대가 내 마음대로 움직여주지 않는다.
그 사람을 내 마음대로 하면 좋을 텐데.
그 사람이 무조건 나를 **따라주면 좋을 텐데**.
그 사람은 이미 내 마음과 일부인데.
매번 싸우면서도 헤어질 수 없는 이유는 있다. **사랑 때문이다**
그 사람이 있어서 채워지는 외로움, 그리고 행복.

너라면 이용당해도 좋아

그 사람이 당신을 사랑하지 않는 걸
알면서도 연인이 되어 준 적 있습니까?

내내 한 여자만 바라보고 살아왔던
남자에게 어느 날 기적같은 일이 벌어졌어.
갑자기 여자가 눈길을 주고
다정하게 말도 붙이고 가끔 만나주기도 하는 거야.
남자는 마치 하늘 위로 두둥실 떠오른 것 같았어.
여자의 마음이 얻게 되는 날이 올 거라고 생각지도 못했거든.
친구로도 지낼 수 없을까봐 고백조차 하지 못했어.
정말 그녀에게 최선을 다하겠다고
그녀를 가장 행복한 여자로 만들어주겠다고 생각했지.
그런데 남자는 곧 깨닫게 되었어.
자신을 바라보는 그녀의 눈망울이
슬프게 흔들리고 있다는 것을
언제나 누구보다도

그녀의 마음을 가장 잘 알고 있던 남자였어.
사실 그녀는 남자를 넘어 또다른 남자를 바라보고 있었어.
그 남자는 여자를 봐주지 않았어.
여자가 원하는 만큼 사랑을 주지 않았어.
그래서 여자는 일부러 남자에게
살가운 척, 관심있는 척 다가가서
그의 질투심을 유발해보려는 거야.
그런 여자들은 있어.
사랑하는 사람에게 관심을 얻어보려고
괜히 마음에도 없는 남자에게
상냥하게 굴어보는 것.
여자는 암묵적으로 남자에게 도와달라고 한 거야.
남자는 곧 알게 되었지.
그녀는 자신을 이용하는 것이라고
하지만 좋았어.
그녀가 이렇게 가까이에서 지금 웃어주고 있잖아.
나를 바라봐주고 있잖아.
이렇게 함께 할 수 있는 것만으로도 충분히 행복해.
여자는 다 알고 있었어.
남자가 자신을 좋아한다는 것을.
남자는 그것으로도 되었다고 생각해.
언제나 마음을 전할 방법이 없어 고민이었던 남자에게는
그것으로 된 거였어.
질투에 눈 먼 그가 그녀를 데려간다고 해도 말이야.

여자는 사랑하는 남자에게
다른 남자에게 갈 수 있다고
경고하고 싶어 한다.
상대의 마음을 얻기 위해
유혹하기 보다
질투로 다가서려는 이들이 있다.
하지만 좋은 방법이 아니다.
서로 잘못 이해할 수 있다.
어쩌면 모두에게
상처가 되는 일일 수도 있다.
우리는 눈에 보이는 것을
더 믿기 때문이다.

영영 끝낼 것처럼 싸운 뒤에도
화가 풀리고 나면 다시 생각나는 사람,
바로 당신입니다

헤어지면서 생각해본 적 있나요?
지금은 나 싫다고 가지만 언젠가는 내 마음 알아줄 거라고…….

남자는 마음이 불편했습니다.
전화로 여자와 조금 말다툼을 했는데,
여자가 아직도 마음이 풀리지 않은 겁니다.
퇴근하자마자 여자의 집으로 달려왔는데
그녀는 반겨주지도 않습니다.
문만 열어주고는 말투도 데면데면합니다.
남자는 제집 같던 그녀의 집이 불편하게 느껴집니다.
여자에게 먼저 말을 걸어보기도 하고,
텔레비전을 켜기도 했지만 여자는 남자에게 눈길을 주지 않습니다.
"아까 말이야."
참다못한 남자가 여자에게 말을 붙였습니다.
그러자 여자가 새된 목소리로 외쳤습니다.
"그 얘기 또 하려고 온 거야?"
집안에는 팽팽한 긴장감이 감돌았습니다.
아차하면 또 싸울 것 같았습니다.
"알았어. 그만해. 내가 갈게."
남자는 속이 상해서 그만 집을 뛰쳐나왔습니다.

아침 7시부터 저녁 7시까지 12시간을 꼬박 일하고

가장 먼저 달려온 여자의 집

그녀와 달콤한 저녁 식사를 만들어먹고

영화를 보러갈 생각이었지만 모두 물거품이 되었습니다.

남자가 나가고 나자 여자는 빈집에서 몹시 허전했습니다.

그가 오면 아까 일은 잊어버리고

잘 대해주려고 했는데

얼굴을 보자마자 성질부터 부린 것이 미안했습니다.

남자에게 전화를 걸었지만 남자는 받지 않습니다.

그가 여자의 집에 휴대전화를 두고 간 것이지요

화가 난 남자는 걸음걸이가 빨랐습니다.

가만히 생각해보니

여자가 요즘 들어서 꽤 못되게 구는 것 같습니다.

'후회하게 해주겠어. 이대로 사라져버릴 거야.'

하지만 골목을 지나 버스 정류장에 섰을 때

그의 마음은 그렇지 못했습니다.

싸우고 나서 화가 풀리고 나면 다시 보고 싶은 사람

그 사람이 바로 연인입니다.

남자는 잠시 서성이다가 근처의 마트로 발길을 돌렸습니다.

하지만 아무리 생각해봐도

남자는 여자와 헤어질 자신이 없었습니다.

사실 돌아서는 순간부터 이미 후회하고 있었으니까요.

그래서 남자는 카트를 밀며 우유나 달걀을 담았습니다.

집에 혼자 남아있던 여자는 뒤늦게 후회했습니다.

남자가 이대로 가버린 것이 아닐까.
자신의 행동이 지나쳤다고
뒤늦게 후회했습니다.
'그냥 보내는 게 아니었어. 잡았어야 했는데.'
그때 현관벨이 울렸습니다.
그와 동시에 여자의 이름을 부르는
남자의 목소리도 들렸습니다.
남자의 손에는 커다란 쇼핑백이
그 안에는 먹음직한 식료품이 들어있습니다.
"냉장고가 비었길래 너 먹으라고 사왔어."
남자는 하나하나를 냉장고에 넣어둔 뒤
그녀를 꼭 안아주었습니다.
남자는 여자의 집을 나오면서 생각했습니다.
몹시 화가 나서 이대로 그녀와 헤어지고 싶은
마음도 있었습니다.
하지만 그는 그럴 수 없었습니다.
'이렇게 사랑하는데 아직 나는 그녀를 떠날 수 없어.
다시 그녀를 만나고 싶어.'
남자는 그래서 마트에 간 것입니다.
연인과 싸우고 나서 그것이 마지막이 된다면
화가 풀리고 나서도
다시 사랑하는 마음이 생기지 않았기 때문입니다.
그 사람이 떠난 이유는 다시 생각해도 많이 생각해도
사랑하는 마음이 생기지 않았기 때문입니다.

언젠가는 깨닫게 될 거라는 너의 말

헤어질 때 붙잡던 사람의 말은 귓등으로도 듣지 않다가
어느 날 가슴에서 다시 들려온 적 있나요?

언젠가 이별을 말하는 나에게
네가 말했지.

"넌 언젠가 깨닫게 될거야. 그때 연락해."

영영 끝이라고 생각했어.

다시 만날 일이 또 있을까.

그런데 살아보니까 너만큼 날 사랑해준 사람도 없더라.

나 그때 너한테 참 못되게 굴었는데

너와 헤어지고도

너 참 거머리같이 안 떨어졌다고 속으로 욕하고 그랬는데

요즘 들어 이해가 돼.

언젠가 깨닫게 될 거라는 말.

너는 혹시 알고 있었니?

내가 네가 준 사랑의 소중함을 알게 되는 날이 오리라는 걸.

너와 헤어지고 수많은 아픔과

슬픔 속에서 허우적거릴 거라는 걸

알고 있었니?

네가 보고 싶다

언젠가 말했지

내가 후회하고 네가 그리울 때 다시 연락하라고

그때 보자고

나 너한테 지금 연락해도 될까?

인터넷에서 네 블로그와 미니홈피를 찾아다녔지만

모두 닫혀 있어.

너에게 새로운 사람이 생긴 건지

행복을 찾았는지 알 수가 없어.

나 정말 너에게 전화해도 될까?

네가 너무 좋아졌어
어쩌지…

너, 어느날 갑자기
마음 바꾸기 없기다…

돈이 없어서 사랑을 포기했어

사랑하는 여자에게 고백을 받았습니다.
늘 함께 있으면서도
마음을 표현하지 못했던 나에게
그녀가 먼저 손을 내밀었습니다.
나도 수천번 그녀와 함께 하고 싶었습니다.
그녀의 남자친구가 되어서 그녀를 지켜주고 싶고
아껴주고 싶었습니다.
하지만 미련하게도 돈이 없습니다.
그녀에게 맛있는 음식을 사줄 돈도
그녀의 생일에
그녀를 기쁘게해줄 선물을 살 돈도 없습니다.
월세에 학자금에 생활비에 제 몸 하나
겨우겨우 살아가고 있으니까요.
누군가는 애인에게 명품 가방을 사주기 위해
한달 동안 아르바이트를 한다고 합니다.
공사판으로 패스트푸드점으로
여자라면 누구나 받고 싶은 것.
내 여자도 그렇게 누리게 해주고 싶다고
남자들은 생각합니다.
어머니에게는 손수건 한 장 못 사주는
불효자가 되면서

누군가의 남자친구가 되면
그녀를 기쁘게 해주고 싶은 마음이 진심입니다.
다이아몬드 반지를 사줄 수 없다면
이 마음을 다이아몬드로 만들고 싶다는 생각도 해봤습니다.
여자는 대답을 기다리고 있습니다.
미련하게도 사랑하는 여자 앞에서
마지막 자존심을 지키고 싶었습니다.
돈이 없어서 너와 사귈 수 없다는 말을
너를 감당하기 힘들어서
그렇다고 말할 수밖에 없는
나 자신이 미워집니다.
여자는 믿지 않습니다.
"넌 날 진짜로 좋아하지 않는 거야.
그건 그냥 핑계일 뿐이야."
그녀가 이런 나를 받아준다고 해도
그저 벤치에 앉아 음료수만 마시는 데이트를 한다고 해도
언젠가 그녀가 먼저 떠날 지도 모른다는 생각 속에서
불안할 것입니다.
그녀에게 잘해주지 못할
나를 미워하게 될 것 같습니다.
연애를 포기한 사람도 사랑을 할 수는 있습니다.
저는 제 진심을 끝까지 모르는 그녀를
이렇게 바라만 볼 수밖에 없습니다.

나 혼자 살기에도 벅찬 세상이라고 생각해본 적 있다.
사랑은 어떤 의미에서 사치다.
　　하지 않아도 사는 데는 아무 탈이 없다.
사랑은 일종의 문화다.
하지만 사랑이 없는 삶은 그저 따분하고도 기계적인 삶일 뿐이다.

누군가와 함께 가는 길이 더 힘들다는 것은 현실이다.
삶이 어렵고 힘들수록 함께 가는 동반자가 있다면
오히려 힘이 날 것이다.
상대를 지켜주고 보호해야 한다는 생각은
오히려 어깨를 무겁게 한다.
그러나 함께 가는 첫걸음은 비록 어려울 지라도 한걸음,
두 걸음 옮기는 순간 삶의 재미는 그때 찾아올 것이다.

내 여자친구의 남자친구

사이를 찢어놓고 싶은 연인의 이성친구
당신은 그 친구를 인정하나요?

남자는 못마땅했습니다.
너무 사랑스러운 그녀에게
단짝처럼 지내는 남자친구가 있었기 때문입니다.
그 둘은 그냥 친구일 뿐이라고
한번도 서로를 이성으로 생각해본 적 없다고
남자에게 말했습니다.
왜 하필이면 애인의 단짝친구가
같은 여자가 아닌 걸까.
그냥 여자애였다면
밥도 쏘고 애정도 과시하면서
친구 앞에서 체면도 챙겨줬을 텐데…….
남자는 불편했습니다.
그래서 가끔 여자에게 투정도 부렸습니다.
"너, 그 사람 자꾸 만나고 그러는 거 별로 안 좋다."
"왜 그렇게 오버해?
우린 그냥 친구일 뿐이야."
가끔 남자는
너무 다정한 두 사람을 볼 때마다 생각했습니다.
'차라리 말해버릴까.

날 택할 건지, 저 놈을 택할 건지.
둘 중에서 고르라고 하고,
결판을 내야지, 원!'
그렇게 생각하면서도
남자는 스스로 옹졸하다고 생각했습니다.
물론 남자에게도 친하게 지내는
여자 직장 동료도 있습니다.
하지만 그렇다고 해서 저렇게 친하게 지내지는 않습니다.
사랑이 없으니까 그 이상의 친밀함도 생기지 않습니다.
하지만 남자는 방해할 수 없었습니다.
만일 여자친구가 단짝을 잃으면
그 나름대로 외로워하겠지요
남자는 그게 싫은 겁니다.
어느 날이었습니다.
그날도 여자친구가 데이트에
단짝 친구를 데려왔습니다.
'이 눈치도 없는 놈!'
그때 남자는 알았습니다.
그 단짝이 여자친구를 바라보는 시선
그리고 태도
그것은 분명 사랑이었습니다.
그녀에게 다른 남자친구가 생기고
연애하는 것을 알면서도 마음을 드러내보이지는 않는
저 남자

사랑과 우정 중에 무엇을 택하겠느냐고 물으면
여자는 결정하지 못할 겁니다.
하지만 사랑과 사랑 중에 무엇을 택하겠느냐고 물으면
여자는 분명히 결정합니다.
그것이 그가 마음을 드러낼 수 없는 이유입니다.
남자는 화가 났습니다.
"너, 내 여자에게서 당장 떨어져."
그러자 그가 말했습니다
"그럴 순 없어.
어쩌면 나에게도 기회가 올지도 모르니까.
언젠가는 내가 그녀에게 남자로 다가설 수 있을 테니까."

바람피우는 사실을
가장 늦게 알게 되는 건 연인이다.
연인이 한눈파는 걸,
다른 사람들은 다 아는데
정작 본인은 모른다.
그런 경우는 더러 있다.
가장 안심할 때
의심해야 하기 때문이다.
가장 사랑받고 있으면서도
그것이 사랑인지 모르는 경우가 있다.

믿지도 못하고
잊지도 못하는 것이 사랑일까요?

남자에게는 사랑하는 여자가 있었습니다.
하지만 여자는 남자에게 만족하지 못했어요.
분명 좋아하긴 했지만
마음속에 채워지지 않는 무언가가
그녀를 괴롭혔어요.
그래서 여자는 새로운 연인을 만들었습니다.
남자는 떠나가는 그녀를 보며
홀로 아쉬움을 달랬습니다.
'그녀에게 좀 더 확신을 줄걸.'
하지만 뭐든 솔직하면 믿음을 줄 수 없고
거짓과 허풍을 떨면 속이는 게 됩니다.
소문으로 그녀가
새 애인과 잘 살고 있다는 소식을 들었습니다.
'나도 사랑이었을까?
그녀는 나를 사랑이라고 기억할까?'
남자는 이따금 생각합니다.
'어쩌면 난 아무것도 아니었을 지도 몰라.
그녀는 진짜 사랑을 찾은 거야.'
그러던 어느 날이었습니다.
여자에게서 한통의 전화가 왔습니다.

새벽 2시.

남자는 단잠을 자느라 진동소리를 듣지 못했습니다.

'잘못 누른 거야. 분명히.'

그리고 며칠 후 다시

여자에게서 문자 메시지가 왔습니다.

"잘 지내니?"

남자는 마음이 싱숭생숭해졌습니다.

나를 떠나 새로운 연인과 행복을 찾은 그녀

그녀가 왜 다시 연락을 했을까요?

돌아오고 싶었던 걸까요?

남자에게 상처로 남은 그녀가

왜 다시 남자를 찾았을까요?

연인을 믿지 못하고

연인이었던 사람을 잊지도 못하는 것이

사랑일까요?

과거에만 있는

절대로 현재에는 존재할 수 없는

그런 사랑일까요?

내가 갖기도 뭣하고 남 주기도 뭣하면
나는 다른 사람과 사랑에 빠질 수밖에 없다
그런 사람이 있다. 내가 갖기는 부족하고
그렇다고 다른 사람과 사랑에 빠지는 것은 싫고 그사람,
나만 영원히 좋아해줬으면 좋겠다고
그래서 언제라도 돌아올 수 있게 나만 기다렸으면 좋겠다고
어떤 이들은 그런 감정을 사랑이라고 부른다.
하지만 그런 이들은 다른 사람과 사 랑 에 빠 진 다 .

잊지 못하는 것과 사랑은 다르다
누군가 이따끔 당신을 떠올리고, 당신에게 전화를 건다면,
그것은 당신이 그사람에게 준 사랑을
농락당하는 것이다.

있는 그대로의 날 좋아해줄 순 없겠니

사랑과 조건 사이에서 고민해본 적 있나요?

남자는 여자의 마음이 진실하다고 생각했어.
어느 날 별 생각없이 물어봤어.
"내가 만일 검사가 아니고
우리 부모님에게 건물이 없다라고 해도
넌 날 사랑했을 거야, 그렇지?"
하지만 놀랍게도 여자는 솔직하게 말했어.
"글쎄, 난 당신이 검사라고해서 소개팅에 나간 거야.
만일 아니었다면 만나지 않았을 거야."
남자는 실망했어.
알고 보니 너도 조건따지는 속물이었구나.
한번도 여자의 마음을 의심하지 못했거든.
여자는 남자를 몹시 좋아하고 있었으니까.
'그래도 그냥 날 있는 그대로 좋아해주면 안 될까?'
남자는 그냥 직업이 없어도 못생겨도
부모님이 가난해도
사랑해줄 여자가 있었으면 좋겠다고 생각했어.
그러면 어떤 때라도 여자가 자신을 떠나지 않을 거라고
생각했기 때문이야.
설령 사고를 당하거나 나쁜 병에 걸려

몸져 누워도 변함없이 사랑해주길 바랬어.
처음부터 남자가 이렇게 생각하게 된 것은 아니야.
어느날 부터 여자를 정말 마음으로 사랑하게 되었고
그때부터 이런 생각이 들었던 거지.
하지만 남자는 시간이 지나면서 그것을 받아들였어.
검사인 것도 부모님이 부유한 것도
그것 모두가 나 자신이라고
나한테서 직장을 빼고 재산을 빼고
외모를 빼버리면 무엇이 남겼느냐고
아무것도 없는 날
그녀가 진심으로 사랑해줬으면 하는 생각 자체가 욕심이라고
조건 없이 나 자신을 사랑할 수 있는 사람은
바로 나 자신밖에 없는 거라고
그러면 외로워지는 것이라고
남자는 생각했기 때문이야.

사랑하는 데도 이유가 있다
사랑하는 이유를 모두 빼면
　　사랑할 수 없는 것은 당연하다.

우리가 사랑으로 행복해지는 순간은
그 사람 하나만을 사랑할 때다.
우리는 처음 만날 때 소개를 한다.
그 소개가 타인에게는 조건으로 받아들여지기도 한다.
무얼 하는 사람인가.
가족관계는 어떠한가. 재산은 얼마인가.
평생 그 조건에 매이기도 하지만
때로는 그것을 넘어설 때가 있다. 그것이 진짜 사랑이다.

잘난 이는 스스로 조건의 노예가 되기도 한다.

좋은 조건을 가진 이들은 스스로의 장점을 잘 알아서

이성에 대한 편력을 가지고 있기도 하다.

'나는 돈을 잘 벌고 조건이 좋으니까 눈이 높아도 돼.'

자만심에 빠진 사람은 조건을 따지는 사람보다

훨씬 불행해지기 마련이다.

싫다는 사람에게 끌리는 이유

그 사람은 싫다고 도망가는데
혼자 좋아서 들이댄 적 있나요?
튕기면 튕길수록 더 매력을 느낀 적 있나요?

인기남인 남자.
수많은 여자들의 고백에도
끄떡하지 않던 그에게 좋아하는 사람이 생겼습니다.
그녀는 그에게 도통 관심도 없습니다.
다른 여자들처럼 웃음을 흘리지도 않고
교태도 부리지 않습니다.
정말 딱딱하고 눈에 거슬리고 불친절한 여자입니다.
"왜 하필 그 여자를 좋아해서 고생이야?"
친구들은 한마디씩 합니다.
"그러게. 왜일까?"
사랑해주지 않는 이성을 좋아하는 것은
어쩌면 자기를 괴롭히는 일일 수도 있습니다.
상당히 많은 사람이
자신에게 무심한 이성에게 매력을 느낍니다.
하지만 그것은 누구보다도 욕심이 많은 사람이지요.
그런 이성이 막상 넘어오면 금방 시들해지니까요.
그래서 여자는 인기남의 구애를 받고도
쉽게 허락해주지 않고 있습니다.
허락하는 순간 끝일 수도 있으니까요.

누군가가 자신을 좋아한다면 그걸로 충만함을 느끼고
만족해버리는 경우가 있습니다.
더 이상의 노력도 하지 않습니다.
하지만 누군가가 나를 좋아하지 않으면
결핍을 느낄 수 있습니다.
왜 저 사람은 날 좋아하지 않지?
왜…….
그 빈자리를 채우고 싶은 마음 때문에
그 사람에게 마음이 가는 것이지요

진심으로 날 사랑하는 사람의 마음을 알아보기는 어렵다
변하지 않는 마음일수록 안심하게 된다.
이미 채워진 감정이란 배부른 사람이 음식을 먹는 것과 같다.

좋아하는 사람의 마음을 얻고 싶어
일부러 관심없는 척을 하기도 한다
    호감을 숨기고 냉랭하게 대해서 관심을 끈다한들,
넘어간 이상 '잡은 물고기'가 된다.
진심을 알아보지 못하는 사람은 끝내 소용이 없다.

어떻게 될 지 모르는 게
사랑이라지만

당신의 연인은 당신과 결혼할 마음이 있나요?
아니, 당신은 지금 연인과 결혼할 마음이 있나요?

"너 그 사람하고 결혼할 거야?"
친구의 물음에 남자는 잠시 고민합니다.
"글쎄, 아직 잘 모르겠어."
남자의 여자친구는 그가 그렇게 생각하는지
꿈에도 모릅니다.
"그 친구가 준비하는 시험도 있고
나도 이직을 계획하고 있어서 어떻게 될지 모르지.
앞으로……."
사랑을 나누는 연인들끼리
서로를 그렇게 생각하는 것보다
그들을 둘러싼 타인들이 그들에 대해
그렇게 생각하고 있을 때
가끔 인생이라는 것이 무서워지기도 합니다.
사랑이란 오늘까지는 영원할 것 같아도
내일 어떻게 될 지는 아무도 모릅니다.
이 사랑이 영원할 것이라고
변하지 않을 것이라고 생각하는 것은
무모한 것인지도 모릅니다.

어떤 이는 사랑스러운 여자친구와 헤어진 뒤에도
1년 동안이나 카드 할부금을 갚았습니다.
여자에게 선물을 사주고
데이트를 할 때만 되어도 이런 날이 올 줄 몰랐는데 말이죠.
동거하는 커플은 강아지 한 마리를 사들였습니다.
그런데 헤어질 때는
서로 갖겠다고, 혹은 서로 갖지 않겠다고 싸우기도 합니다.
자동차 트렁크나 목걸이에도 서로의 이니셜을 붙였다가
헤어질 때는 내리기 바쁩니다.
그래서 당당히 애인이 있다고 말하는 것도 힘들고
때로 같이 밤을 보냈다고 해도 함부로 말하기 힘듭니다.
어떻게 될 지 아무도 모르는 게 사랑이기 때문입니다.
'이럴 줄 알았으면
돈도 쓰지 말고, 강아지도 사지 말고
커플티나 목걸이는 안 하는 건데!'
그 사람과 따뜻한 말을 주고 받고
서로 부드러운 웃음을 나누었다고 해도
어느 날 갑자기 그 사람이 떠날 수 있다는 것.
내 마음이 식어버릴 수도 있다는 것.
그것을 불안이라고 생각하기보다
자유라고 생각하면 훨씬 마음이 가벼워집니다.
'네가 떠날까봐 무서워'가 아니라
'너는 날 떠나도 좋다'고 생각하면
더욱 사랑에 대해 이해할 수 있습니다.

처음부터 헤어질 것을 알았다면
사랑에 빠졌겠느냐고 반문하고 싶지만
사랑을 시작할 때도 사랑을 하고 있는 중에도
이 사랑이 어떻게 될지
아무도 모른다는 사실은
모두가 알고 있는 것입니다.
그리고 서로에게 절대 들키지 말아야 할
유일한 비밀이기도 합니다.

　　　사랑을 시작하면 가장 중요한 것은 투명한 미래를 갖는 것이다.
사랑하고 있다고 해서 안심하지 마라.
　　　　사랑은 생각지도 못한 때 끝날 수 있다.
가장 중요한 것은 사랑을 점점 투명하게 만드는 일이다.
내 마음을 표현하기 전에 상대의 마음을 읽어 낼 수 있어야 한다.

마음이 변하는 것은 자유지만
누군가에게 상처를 주는 것은 죄다.
신뢰는 좋은 것이지만
때로 그것에만 의지할 수 없다.
변덕은 매우 우리 삶에 가까이 있다.
마음대로 사랑하고
마음대로 **떠나가는 것은** 자유지만,
그로 인해 누군가에게
상처를 주는 것은 분명한 죄다.

사랑이 깊어지면 사랑보다도 확신이 중요해진다
관계가 깊어질수록 사랑보다도 상대에 대한 확신이 더 중요하다.
아무리 사랑해도 확신하지 못하면
여전히 흔들리게 될 것이다.

왜 내가 부담스러운 거니?

남자는 결심했습니다.
이제 더 이상 그녀의 곁에
친구로 지내고 싶지 않다고
그녀에게 당당히 자신의 마음을 고백하고
연인이 되고 싶다고…….
하지만 쉽지 않았습니다.
그녀는 가까이 다가가면 멀어지고,
선을 그어버립니다.
'그애는 나에게 마음이 있는 걸까? 없는 걸까?'
확신을 갖기 어려웠습니다.
'그래, 설령 그녀가 거절하더라도
그때 포기하면 되는 거야.
혹시 알아? 그녀도 나와 같은 마음일지…….'
여자를 만나기로 한 날
남자는 갈등했습니다.
그녀는 아무것도 모르고 있습니다.
남자는 고백을 준비했습니다.
'이대로 집으로 돌아가버릴까?
아니면 평소처럼 잡담이나 떨다 가버릴까?
만일 이 일로 서로 어색해지면 어쩌지?'
여자가 나타나자 남자는 경직했습니다.
평소와 달리 남자가

옷을 빼입고
머리에도 신경 쓴 티가 났습니다.
여자는 좀 당황스러웠습니다.
한눈에 보기에도 남자가 평소와 좀 달라보였습니다.
'별일이야 있겠어. 멋 좀 부리고 싶었나 보지.'
남자가 준비한 꽃을 내밀며 여자에게 말했습니다.
"오랫동안 널 좋아했어. 우리 사귈래?"
남자의 말에 여자의 표정은 어두워집니다.
여자는 단 한 번도 남자를
진지하게 생각해보지 못했습니다.
그저 편하고, 친구 같은 존재일 뿐.
"미안해."
여자는 솔직히 자신의 마음을 표현했습니다.
남자는 낙담했지만
더욱 그녀에게 잘해주려고 했습니다.
언젠가 그녀가 자신을 봐줄 거라는 생각을 갖고서……
"이러지 마. 부담스러워."
어느 날 여자가 말했습니다.
여자는 남자가 밸런타인데이나
자신의 생일을 챙기는 것이 달갑지 않았습니다.
여자는 점점 남자를 피하는 일이 많았습니다.
아무리 외롭더라도
남자와 함께 있고 싶지는 않았습니다.
"곁에서 지켜보기만 한다는데

당장 사귀자고 하는 것도 아닌데
왜 부담스럽다는 거야?"
"넌 어떤지 몰라도
네가 그럴수록 난 정말 부담스러워."
여자의 말이 남자는 이해가 되지 않았습니다.
"그냥 넌 받기만 하면 되는데
뭐가 부담스럽다는 거니?
나 혼자만 좋아하는 것도 안 되니?"
그러자 여자가 말했습니다.
"사랑을 받기만 하는 게 어딨니.
나도 뭔가 줘야 하잖아.
그런데
난 너한테 아무것도 줄 게 없어.
그러니 너무 미안하잖아."

공짜는 좋아도 마음에 없는 사람에게
사랑받는 건 부담스럽다.
사랑도 받은 만큼 줘야 한다.
늘 받을 수만은 없다.
사랑을 줄 수 없는 사람에게는
받는 것도 부담스럽다.
언젠가는 사랑을 줘야 한다는
암묵적인 압박감이라는 것은 있기 마련이다.

나를 사랑해주는 사람의 마음은
진흙속에 숨겨진 진주이다
　　　누군가 나를 사랑해준다는 것은
그 자체로 소중하다.
　하지만 그 소중함을 잘 모른다.
　하찮게 생각해서 그 사람이
어떤 상처를 받든 개의치 않는다.
　그 사랑이 떠나거나 그 이상
좋은 사람이 없다는 판단이 들었을 때
　그 하찮음 속에서 진짜 소중함을 알게 된다.

나에게는 전부인 마음이
그 사람에게는 부담이 될 수도 있다
누구나 받아들이기 힘든 사실이다.
내가 가장 우선적으로 생각하고
가장 소중한 감정인데도 타인에게는 그렇지 않을 수 있다.
혼자만의 사랑은 충분히 할 수도 있다.
부담이 되어서는 안 된다.
사랑이란 때로 그냥 주는 것이다.

나만 바라본 너에게 감사해

한 남자가 여자에게 고백했습니다.
여자는 남자가 오랫동안
자신을 사랑해왔다는 것을 알고 있었습니다.
하지만 절대로 그와 사귀고 싶지는 않았습니다.
"미안. 아직 난 연애할 생각이 없어."
남자는 사랑스러운 그녀가
왜 연애할 생각이 없는지 궁금했습니다.
이따금 남자가 자신의 마음을 전하기 위해
문자메시지를 보내면
여자는 아주 가끔 답을 해주었습니다.
여자에게는 아무런 의미도 없는 메시지가
남자에게는 사랑의 증거가 되었습니다.
"나한테 마음이 있는 게 분명해."
남자는 여자가 한 말을 오래 기억했습니다.
"언제 한번 보자."
"다음에 내가 연락할게."
그 기약 없는 약속을 남자는 진짜 기다렸습니다.
그녀와 만날 수 있다.
그녀가 연락을 한다고 했다…….
다시 전화하겠다는 그 말을 꼭 믿고
오지 않는 전화를 기다리느라

아까운 시간을 버리기도 했습니다.
여자는 남자에게 짜증이 났습니다.
그냥 해본 말인데
남자는 농담과 진담을 구분하지 못합니다.
"이런 바보……"
여자는 한결같이 자신을 사랑해주는
남자에 대해서
단 한 번도 고마워하지 않았습니다.
오히려 냉담해졌고 점점 싫어졌습니다.
다른 이유는 없습니다.
아무런 관심도 없는 남자가
자신을 사랑하기 때문입니다.
우리는 때로 사랑한다는 이유로
멀쩡한 모습에도 바보가 됩니다.
"난 싫다는 남자,
자꾸 들러붙는 거 질색이야."
여자의 말은 너무 아팠습니다.
"그냥 곁에서 바라보는 것도 안 되겠니."
남자는 그렇게 여자를 바라보기만 했습니다.
아무리 사랑해도
아무리 진심이라도
가질 수 없는 연인은 있습니다.
"포기해. 그런 부질없는 짓을 왜 해."
친구들도 남자를 말렸습니다.

"그래, 내 마음이 멈추는 날까지……."
남자는 누군가를 사랑한다는 것이
이토록 마음 아픈 것인지
새삼 깨닫고
여자를 잊으려고 노력했습니다.
여자는 어느 날
남자에게서 여자친구가 생겼다는 말을 들었습니다.
그 여자친구는
남자를 몹시 아껴주고 사랑해주었습니다.
언젠가 남자가
자신을 사랑한다고 말하던 모습이 생각났습니다.
'잘됐구나. 잘됐어.'
드디어 그는 여자를 귀찮게 하지 않을 것입니다.
하지만 웬일일까요
마음 한 켠이 아련해졌습니다.
그 사람을 사랑했던 것은 아니었습니다.
평생 나만을 사랑해줄 줄 알았던 그 사람에게
새로운 사랑이 생겼다는 것.
그 자체로 씁쓸한 것입니다.
누구와 만나서 헤어지더라도
나에겐 마지막에
돌아갈 사람이 있다…….
그 사람은 내 모든 것을 이해해주고
받아준다…….

치사한 것 같지만

그래서 언제나 마음을 놓고 있을 수 있었습니다.

비록 내가 사랑을 주지 않더라도

나만을 사랑해주는

누군가가 있다는 것은

든든한 일입니다.

여자는 처음으로

그 사람에게 감사했습니다.

한번도 아무런 대가없이

자신을 사랑해주는 사람에게

고마워하지 못했습니다.

당연하게 생각했습니다.

당신이라면

당신만을 사랑해준 누군가가 있다면

그 사람을 사랑할 수는 없어도

고마워할 수 있나요?

짝사랑이 끝나는 순간은 아무도 모른다
짝사랑을 받던 사람도, 짝사랑을 하던 사람도
짝사랑이 언제 어떻게 끝났는지 알지 못한다
혼자 누군가를 좋아하는 일은 힘든 일이다.
짝사랑은 누가 끄지 않아도 저절로 꺼지는 불이다.

누군가 멀리서 나를
바라봐준다는 것도 또 다른 행복이다
누군가에게 소중한 사람이
되었다는 것은 행복한 일이다.
그 사랑을 받아줄 수 없어도
그 사랑이 영원하고 오래가길 바란다.

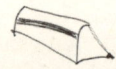

　　짝사랑은 아주 가끔씩 꺼내보는 추억이다.
　　　다른 사람을 사랑하게 되었다고 해서 짝사랑의 흔적이
모두 지워지는 것은 아니다.
　　　이따금씩 생각이 난다. 그 사람 참 좋아했었는데,
지금도 잘 살고 있을까. 평생 잊지 못하는
사랑은 이루어지지 못하는 사랑이다.

어떻게 아무렇지도 않게
옛 애인 이야기를 할 수 있지?

그녀가 화가 났는데 무엇 때문에
화가 났는지 모를 때가 있었나요?

여자는 화가 났습니다.
새로 사귄 남자친구는 착하고 여자에게도 잘해줬지만
용납하기 어려운 단점이 있었기 때문입니다.
여자 앞에서 아무렇지도 않게
옛 애인 이야기를 하는 겁니다.
"너는 크림 스파게티 좋아하니?
그 애는 토마토 스파게티 좋아하던데.
오늘 진주 귀걸이 하고 나왔구나
그 애도 진주가 참 잘 어울렸는데……"
마치 친한 친구 이야기하듯
술술 이야기가 나왔습니다.
처음 여자는 자연스럽게 넘어갔지만
한 번, 두 번, 세 번 쉽게 나오는 말에
그만 화가 나고 말았습니다.
"정말 나 염장 지르려고 그래?
듣기 거북해. 그만 좀 해 줘."
여자는 분명히 말했습니다.
남자는 웃으며 '알겠다'고 했습니다.
그런데도 남자는 잘 고쳐지지 않았습니다.

평소에 말이 별로 없는 남자였지만
옛 애인 이야기를 아무렇지도 않게 꺼냈습니다.
여자는 마치 보이지 않는 적과 싸우는 느낌이
들어 하루하루 지쳐갔습니다.
'나를 만나는 동안에는
나만 생각했으면 좋겠어.
그 여자 이야기를 한다는 것은
그 여자 생각을 조금이라도 한다는 거잖아.'
그래서 결심했습니다.
이에는 이, 눈에는 눈
남자와 똑같이 굴어보기로 했습니다.
정말 원수처럼 헤어진 옛 남자 이야기를
처음으로 꺼냈습니다.
새롭게 다시 사랑을 한다면 다시는
생각하고 싶지 않았던,
완전히 정리된 그 사람을
제 입으로 올렸습니다.
'너도 나처럼 힘들어봐.'

내 입장이 되면 알 테니…….'
정말 남자는 기분이 좋지 않아졌습니다.
어느 날 여자에게 물었습니다.
"너, 아직 그 사람 좋아하니?"
여자는 문득 대답하지 못했습니다.
"난 이제 그녀를 좋아하지 않아.
그냥 생각나서 그래.
사랑은 끝났지만
기억은 남잖아.
그저 그뿐이야."
사랑했던 사람에 대해서
쉽게 이야기할 수 있는 것.
어쩌면 그것은
좋은 이별을 했다는 증거입니다.

그래도 난 네가
날 사랑한다는 이유를 찾고 싶어

남자는 그녀가 아니면 정말 안 된다고 생각했습니다.
다른 여자도 만나보았지만
그녀가 아니면 소용이 없었습니다.
그래서 그녀에게 다가갔지만
그녀는 여전히 남자를 거절합니다.
'왜 나는 안 된다는 걸까?
그녀는 사랑을 기다린다는데
나는 왜 아니라고 할까?'
친구로 남고 싶어서 남자는 조용히 물러나고 싶었지만
그녀를 포기할 수 없었습니다.
지금 그녀는 혼자입니다.
가슴 아픈 사랑을 끝내고 지금 혼자입니다.
하지만 언제까지나 혼자일 수는 없습니다.
이대로 내버려두면 언제 누가 와서
그녀를 채어갈 지 모릅니다.
남자는 마음이 급해집니다.
그녀의 곁을 맴돌며
그는 마지막으로 한 번 더 마음을 전하려고 합니다.
'이번이 끝이야.
이번에도 안 된다면 물러나자고.'

하지만 쉽지 않습니다.
분명히 그녀는 또 거절할 것 같습니다.
그래서 그녀에게 문자메시지를 보내봅니다.
"뭐하니?"
남자의 마음은 콩닥콩닥 뜁니다.
'답은 꼭 올 거야.'
휴대전화만 뚫어져라 보고 있는데
오, 정말 답이 옵니다.
그녀의 말
"그냥 있어."
남자는 뛸 듯이 기쁩니다.
'이것 봐. 이 여자 겉으로는 싫다고 그러면서도,
사실은 나한테 마음이 있는 거야!'
남자는 한층 용기가 생깁니다.
그녀의 목소리도 듣고 싶어집니다.
그녀의 전화번호를 눌렀다가 다시 전화기를 내려놓습니다.
언젠가 친구들과의 모임에서
그녀를 만나게 되었습니다.
'저것 봐. 내가 오는 걸 알면서도 그녀는 나왔어.
나한테 마음이 있는 것이 분명해.
내가 정말 싫었다면 나오지 않았을 거야.'
남자는 그녀의 옆자리를 다른 친구에게 줘버리고도
멀리서 그녀를 바라봅니다.
'한번만 더 이야기해도 될까?'

내겐 너뿐이라고
너 아니면 안 되겠다고.'
남자는 용기 내어 그녀에게 다가갔습니다.
"잘 지냈니?"
여자는 잠시 굳은 얼굴을 해보이더니,
이내 미소를 지어보이며 말했습니다.
"응."
여전히 어색했지만 남자는 기뻤습니다.
'이것 봐! 그녀는 분명 내게 마음이 있어!
내가 정말 싫었다면
나를 쳐다보지도 않았을 거야.'
남자는 멀리서
여자가 다른 사람과 웃고 떠들고
이따금 누군가와 전화를 하는 모습을 바라보았습니다.
그녀는 단 한 번도 먼저 남자에게 눈길을 주지 않았습니다.
그녀에게 묻고 싶었습니다.
'너는 왜 나에게 마음도 없으면서
내가 보낸 문자 메시지에 답을 하고
내가 나오는 모임에도 나오고
내가 말을 걸어도 다정하게 대답해주는 거니?'
오만가지 쓸데없는 말에는 답장을 해주면서
사랑한다는 말에는 답이 없는 그녀.
왜 나는 아니냐고 물어봐도
납득할 수 없는 대답을 하기만 하는 그녀.

친구로 남을 지
영영 외면하는 사이가 될지
두 갈림길에서 남자는 고민했습니다.
남자는 결국 사랑을 말하지 못했습니다.
남자는 이따금 그녀가
주는 눈길에 만족하기로 했습니다.
그것으로도 충분히 행복하니까요

내가 입은 상처는 그 사람의 상처가 되기도 한다
당신이 상처 입게 될 말을 사랑하는 사람이 하지 않게 하라.

그 사람이 무슨 말을 할지는 모두 당신에게 달려 있다
당신의 허물로 그 사람이 원망하지 않게 하라.
당신의 맹목적인 애정으로 그 사람을 곤란하게 하지 마라.

여자는 자신을 정말 사랑하는 남자를
알아보지 못한다
자연스럽게 연인이 된다면,
서로에게 깊은 애정을 요구한다.
하지만 어느 누구가의 짝사랑으로
시작된 관계는 조금 다르다.
여자는 자신을 진심으로 사랑하는
남자에게 눈길을 주지 못한다.
그 남자가 못나서 그런 것이 아니다.
자신을 너무 사랑한다는 점이
걸리는 것이다.
남자의 사랑이 깊어질수록
여자는 도망친다.
'왜 나는 아무런 감정도 생기지 않는데,
저 남자 혼자 저러지?'
'싫다고 그랬는데 왜 말을 못 알아듣지?'
사랑한다는 이유만으로 멀어지는
경우도 있다.
그렇게 사랑했던 사람을 다 놓아버리고,
후회하는 게 또 여자다.
'그때는 왜 몰랐을까.
그 사람이 정말 최고였는데….'

넌 내 모든 것을 걸 수 있는
여자가 아니야

남자는 여자에게 시간을 달라고 했습니다.
더 이상 여자와 함께 하는 것이 어려웠기 때문입니다.
정말 소중한 그녀였습니다.
처음 사랑을 시작할 때면
모든 것을 다 줘도 아깝지 않을 것 같았습니다.
하지만 어느 날부터 그녀가 버거워졌습니다.
매주 데이트를 한다고 레스토랑에 가고
약속 시간에 늦을 때마다
그 벌로 귀걸이를 사달라고 해서 사주고
그녀를 만날 때마다
그녀를 기쁘게 해주기 위해서
꽃다발을 사곤 했습니다.
사랑을 확인받을 때마다 그녀는 정말 행복해했습니다.
그런데 어느 날 정말 부담이 왔습니다.
조금씩 받는 월급을 모을 새도 없었고
승진을 위한 공부를 할 시간도 없었고
주변에서는 여자에게 정신이 팔려 일을 소홀히 한다고
책망을 받습니다.
그녀에게 문자메시지가 오고
답을 하기 위해 휴대전화를 만지작거리다가
상사로부터 평가점수 0점을 받기도 했습니다.

그래서 남자는 원하는 부서로 가지 못했습니다.
그녀는 답장을 빨리 해주지 않으면
남자가 떠날 것처럼 닦달을 했거든요.
이제 남자는 정말 떠나려고 합니다.
그런데 여자는 점점 더 앞서가려고만 합니다.
"너는 정말 나한테 감당이 안 되는 여자야."
그러자 여자가 매달렸습니다.
"미안해. 내가 더 잘해볼게."
남자는 말했습니다.
"난 아직 모은 돈도 없고 해야 할 일도 너무 많아.
너무 준비되지 못했어."
남자의 말에 여자가 말했습니다.
"가진 것 없어도 좋아. 난 너만 있으면 돼.
이런 저런 어려움이 있다면
나 지금이라도 공부 그만두고 직장 잡을께."
하지만 남자는 생각하고 또 생각했습니다.
그리고 말했습니다.
"지금 네가 돈을 벌지 않는 것 때문이 아니야."
"그럼 왜 그래?" "미안해.
내가 가진 것 없어도 땡전 한 푼 없어도 이 여자 책임질 수 있다!
내가 어떻게든 함께 할 수 있다는 여자가 있다면
그런 확신을 들게 하는 여자가 있다면
절대 포기하지 않을 거야.
하지만 너는 아니야."

남자에게 사랑이란 현재에 대한 두려움을 잃게 하는 존재다
아무리 사랑하는 사람이라도 어떤 한계나 범위를 넘어서면
부담으로 다가온다.
여자에 대한 자신감은 남자에게 큰 용기를 불어 넣는 다.

너라면 무엇이든 해낼 수 있을 것 같아
남자가 사랑을 선택하는 순간은 이 사람이 아니면
안 될 것 같은 믿음에서 비롯된다.
어떤 상황에서도 함께 할 수 있는 자신이 있다면

그것은 완전한 사랑 이 다.

04.
바보 그 남자 이별이야기

그 사람 결혼소식에
왜 이리 슬퍼질까

다 잊어버렸던 그 사람 결혼 소식에 멍해진 적 있나요?

사랑했던 사람 헤어지고 나서도
어떻게 사는지 궁금할 수 있습니다.
사람이니까 사람이기에
어쩔 수 없는 일입니다.
한때 만났고 마음을 나누었던 사이라는
고칠 수도 없는 굴레.
하지만 연락할 수 없고 이제는 끝난 사이라
마음 속으로만 떠올릴 수밖에 없습니다.
나와 헤어진 그 사람 예전에 나때처럼
여전히 안착하지 못하고
사랑 속에서 괴로워하는 모습을 본다면
'그래, 네가 어딜 가니? 거기서 거기지.'
은근히 기분이 좋아집니다.
그 친구가 가끔 연락을 해도 찜찜하고
연락이 안 와도
날 다 잊어버렸나 서운하고
그러다 그 친구가 정말 좋은 사람이 생겨서
행복을 찾았다면
마음 한 쪽이 시큰해집니다.

겉으로는

"잘 살아라! 너를 축복한다."

말할 테지만,

사랑할 때는 나 없이는 못 살 것 같던 그가

헤어지고 나서 잘 사는 모습은

역시 눈엣가시입니다.

헤어진 연인의 소식 중에서

가장 뼈아픈 것은 그 사람의 결혼 소식입니다.

그 사람이 결혼한다

혹은 나도 모를 때 이미 결혼했다…….

가슴이 다 시큰해지는 일입니다.

혼자 있는 것보다

다른 사람과 함께 있는 것보다

결혼 소식이 더 쓰리고 아픈 것은

이제는 정말 그 사람과 다시 만날 수 없기 때문입니다.

다시는 그가 연락하지 않을 것이기 때문입니다.

만일 다시 연락한다고 해도

이 세상 철면피 신세가 될 것이기 때문입니다.

그리고 그 사람이 그렇게 날 떠나

진짜 행복을 찾았다는

그 불편한 진실 때문입니다.

사랑했던 사람이 가정을 꾸렸다는 사실은
나만 바라보고 내 곁에서 웃어주던
그에게 배우자가 생기고,
자식이 생기고, 그렇게 가정을
꾸렸다는 것은 뼈아픈 일이다.
이혼은 이별보다 훨씬
어려운 것이기 때문이다.

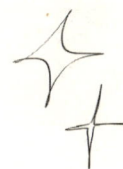

결혼 사진, 다른 여자 곁에서
환하게 웃고 있는
   그 사람의 모습은
나를 사랑했다고해도 한눈 팔수 있다.

하지만 턱시도를 입고
다른 여자와 환하게 웃고 있는 남자는

완전히 나를 떠나간 것이다.
  돌이킬 수 없는 강 을 건넌 것 이 다 .

너에게 준 선물을 돌려받았어

너와 헤어지고
어느 날 가만히 생각해보니까
너에게 줬던 선물이 너무 아까워지는 거야.
이렇게 헤어질 줄 알았으면
그런 선물 안 했을 텐데
그렇게 비싼 걸 먹으러 다니지도 않았을 거야.
가끔 어떤 이들은
헤어질 때 주고받았던 선물을 돌려 받는다더라.
옹졸하지만 사랑할 때 아깝지 않았던 것들은

사랑이 끝나면 정말 아까워져.
너와 헤어지고 나서
시간도 돈도 너무 아까워서
냉가슴을 앓은 적이 있어.
어느 날 나는 그런 나 스스로에게
두 손 두 발을 들었어.
너에게 선물을 돌려 달라고 말했을 때
너는 조금 당혹스러워 했어.
"이런 좀팽이. 정말 치사해!"
뭐라고 욕해도 좋아.
이제 넌 나랑 아무 상관도 없는 사람이잖아.
그래서 결국은 받아냈지.
그런데 있잖아.
정말 이상한 일이었어.
그래도 모든 것은 제자리로 돌아오지 않았어.
그걸로도 처음으로 돌아갈 수 없는 모양이야.
잃어버렸던 것을 다 찾은 것 같은데
이상하게도 마음은 허전했어.
너에게 주었던 내 마음은
너무 초라한 모습이었어.
다시 사랑하게 된다면
이런 물건쯤 너한테 있든
나한테 있든
아무 상관도 없을 텐데 말이야.

이미 써버린 시간과 마음은 돌아오지 않는다
사랑하는 데 써버린 시간과 마음은
다시는 돌아오지 않는다.
추억이라는 이름이 되어 남을 뿐이다.

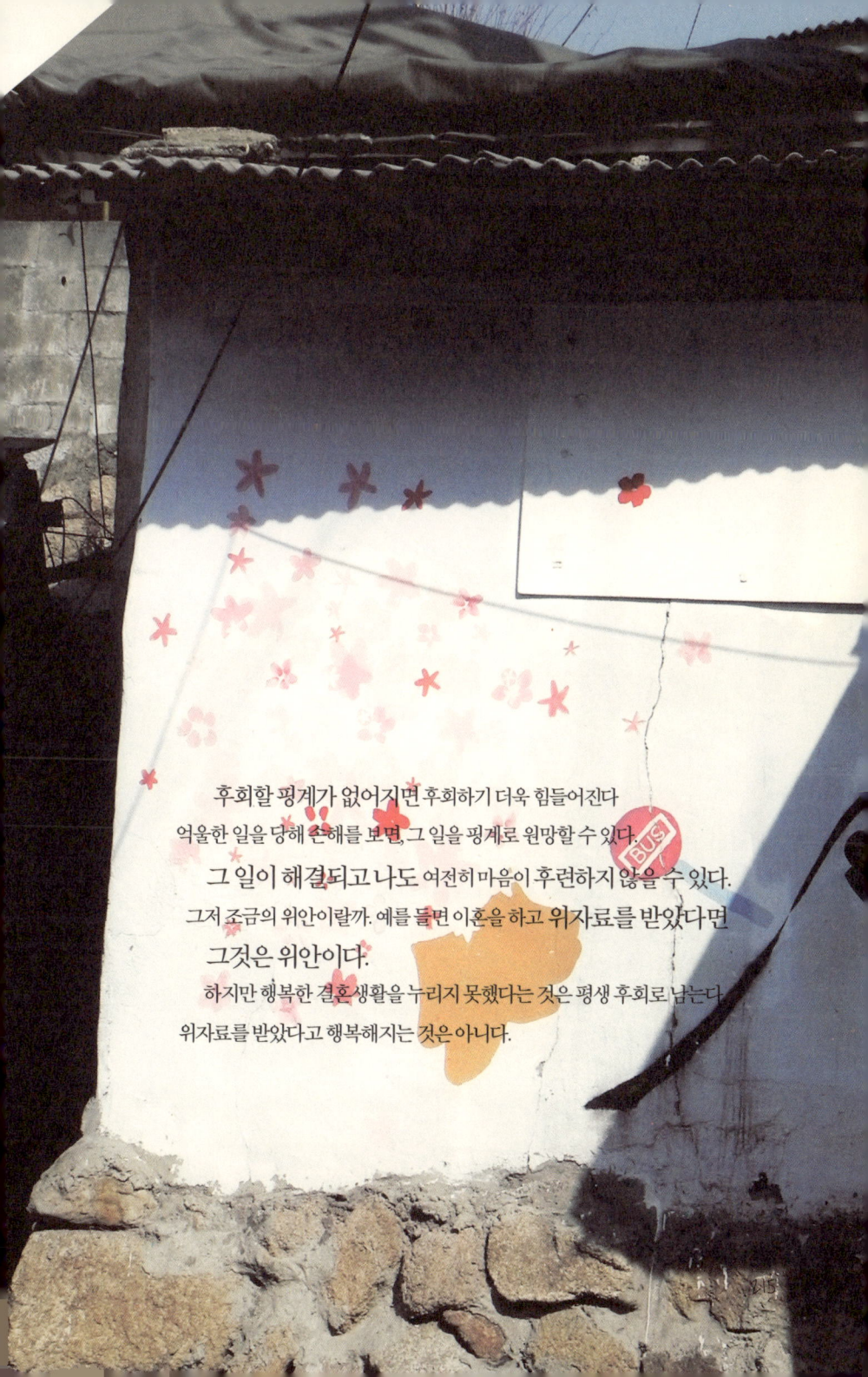

후회할 핑계가 없어지면 후회하기 더욱 힘들어진다
억울한 일을 당해 손해를 보면, 그 일을 핑계로 원망할 수 있다.
그 일이 해결되고 나도 여전히 마음이 후련하지 않을 수 있다.
그저 조금의 위안이랄까. 예를 들면 이혼을 하고 위자료를 받았다면
그것은 위안이다.
하지만 행복한 결혼생활을 누리지 못했다는 것은 평생 후회로 남는다.
위자료를 받았다고 행복해지는 것은 아니다.

사랑했던 사람은 사랑했던 사람이다.
사랑했던 사람과 사랑이 끝나면 남남이 되지만,
그렇다고 해서 모든 것이 한순간에 냉정해지는 것은 아니다.
'사랑하는 사람'보다 대하기 어려운 사람은
'사랑했던 사람'이다.
．과거형이 되어버린 사랑을 존중하라.

이별 뒤에 아까운 것들은 분명히 있다.
사랑이 끝나면 연인과 정을 **떼야** 하고,
　　　서로에 대한 원망도 가슴 속에 새기게 된다.
조금만 더 그에게 상처 주고 싶은 마음도 숨길 수 없다.
그가 조금이라도 내 덕을 보고 있다면 그렇게 속이 답답한 것이다.
이별 뒤에 아까운 것은 그동안 퍼준 사랑이다.
　　무지막지하게 낭비해버린 사랑…….
사랑이란 상대의 마음에 들어갈 때 돋보이는 것이다.
　　　내가 준 사랑을 도로 가져오는 것은 큰 의미가 없다.

마음이 시키는 일

안될 걸 알면서도 포기하지 못하는 일이 있나요?

작년에 이력서를 냈던 회사가
올해도 채용공고를 냈습니다.
지난 번 최종 면접에서 얼마나 호되게 당했던지
다시는 뒤돌아보지 않을 거라 생각했습니다.
'이 회사와는 나는 정말 인연이 없어.'
그런데도 이 기회를 놓칠 수가 없습니다.
'어쩌면 이번에는 다를 지도 몰라.'
용기 내어 이력서를 제출했지만
서류발표 날 씁쓸한 패배만이 남았습니다.
'그래, 다시는 이 회사를 돌아보지 않을 거야.'
생각하고 또 생각하지만
내년에 또 채용공고를 본다면
달라질 수도 있습니다.
날 버린 애인이 새로운 애인과 헤어지고
힘들어하고 있다면
어쩌면 내가 그 틈에 끼어들 수도 있다는
생각을 해보기도 합니다.
왜 마음은 자꾸만 이상한 일을 시켜서
비참하게 만드는 걸까요?
우리 마음은

우리가 진짜로 행복해지기 위한

방법을 알고 있지요.

마음은

가능성 같은 것은 생각하지 않아요.

우리 마음속에는

이번에는 다를 거라고

이번에는 행운이 따를 것이라고

생각하게 하는

무언가가 있나 봅니다.

더 이상 만나지도 사랑하지도 않는

연인이라면 잊어야 합니다.

친구로도 남을 수 없었다면

이제 서로의 삶을 놓아주어야 합니다.

하지만 자꾸만 그 사람의

블로그와 미니홈피에 가는 이유가 무엇일까요?

단 한 줄의 안부인사를 전하지 못하면서

그 사람의 일상을 보고 싶은 이유는 있습니다.

어쩌면 다시 시작할 수 있는

실마리를 찾기 위해서일 수도 있습니다.

그 사람이 감춰둔 진짜 마음을 알고 싶을 수도 있습니다.

우리의 마음은 보고 싶은 사람은

한 번 더 봐도 좋다고

그 마음을 애써 억누를 필요는 없다고

그렇게 말합니다.

가끔 헤어진 애인이
밤늦게 전화하거나 문자메시지를 보냅니다.
누군가 나를 그리워한다는 사실
그 그리움을 이기지 못하고 실행에 옮겼다는 사실
어쩌면 불편하다고 여겨지는 그 사실은
때로 우리의 마음을 흔들리게 합니다.
한때 절친했지만
지금은 인연이 끊어진 한 친구
그녀는 속으로 욕을 하면서도
사실은 친구의 목소리가 듣고 싶은 것입니다.
함께 까페에서 수다도 떨고
쇼핑도 가고 싶은 것입니다.
하지만 이 모든 것은 이제 불가능합니다.
또다시 같은 문제에 부딪히고
서로를 아프게 할 것이니까요
'이제는 더 이상 가지 않을 거야.
마지막으로 한번만 더…….'
운영하지도 않는 썰렁한 미니홈피에
가끔 조회 수 1을 남겨주는 사람
어쩌면 그 사람은
지구상에서 아무도 나를 생각해주지 않는 순간
나를 기억해주는
유일한 사람일 지도 모릅니다.
언제나 남겨졌던

1
1
누군가를 잊지 못하고 오래도록 그리워한다는 것은
또 다른 사랑입니다.
우리는 진솔하고 마음이 시킨 사랑을
받아들이지 못하는 습성이 있습니다.
어느 날0으로 남아버린
조회 수.
누군가가 나를 잊었다는 것은
그렇게 남습니다.
우리의 마음은 정말 이상한 일을 시킵니다.
너무 솔직해서 민망한 일들을
아무렇지도 않게 시킵니다.

마음껏 그리워해도 좋다
그리움이라는 감정은 절대로 억누를 필요가 없다.
스스로 부끄럽고 자존심이 상해서 혼자 청승맞게
누군가를 그리워한다는 것은 절대 감출 필요가 없다.
그리움은 혼자만의 자유 공간이다.
그리고 스스로 사랑에 얼마나 진실했는지 확인해볼 수 있는
마지막 감정이다.

기억속에서 가물가물해져 가는
그의 모습이 안타까워 찾았던 미니홈피.
어느 날 보니, 폐쇄되어 버렸다.
그는 또다른 사랑에 실패한 것일까.
그의 삶을 볼 수 있는 유일한 기회였는데 적잖이 씁쓸하다.
우리는 더 이상 만나지 못할 테지만, 그래도 너를 볼 수 있게 해줘.
사진으로 보는 것만으로도
내 마음의 한 구석은 분명히 채워지고 있다.
만질 수 없고 이야기 나눌 수 없는 그 사람의 사진과 글.
그것으로도 충분히 우리는 사랑을 마지막으로 정리할 수 있다.

사랑했던 사람이 갑자기 미워지네

헤어져야겠다고 마음먹은 뒤에
저절로 오만 정이 다 떨어진 적이 있나요?

남자는 여자를 피했습니다.
사랑했던 그녀였습니다.
결혼까지도 생각했습니다.
하지만 스스로 마음이 차가워지는 것을
스스로도 막지 못했습니다.
이제 여자에게서 멀어지고 싶은데
여자는 더욱더 필사적입니다.
여자는 찾아와서 남자가 마음이 식은 걸
자기 잘못이라고 빌기도 하고
남자의 가족이나 친구를 찾아다니며
남자의 진짜 마음을 묻고 다닙니다.
그녀가 듣고 싶은 말은
그래도 남자가 자신을 사랑한다는 말이겠지요.
어떻게 마음이 한 순간에 변할 수 있을까요
정말 어느 날이었습니다.

남자는 여자가 싫어졌습니다.
늘 잘 해주고 헌신적인 그녀였는데
별로다, 라고 생각하는 순간 싫어졌습니다.
그녀의 전화도 받고 싶지 않고
문자는 스팸으로 돌려버리고 만나지도 않았습니다.
그렇습니다. 보고 싶지도 않았습니다.
그런데 어떻게 사랑을 할까요
믿기 어렵겠지만 정말 불꽃처럼 사랑하다가도
마음이 식을 수도 있습니다.
사랑이 가장 위험한 것도 여기에 있습니다.
그렇게 사랑하다가도
돌아서면 남이라는 것
남보다도 싫어지는 것
아무리 착한 사람이라도
마음이 돌처럼 굳어지는 일은 있습니다.
오래도록 따뜻하게 이어지는 사랑이 있는가하면
뜨겁게 끓다가 한순간에 식어버리는 사랑도 있습니다.
그런 일은 있습니다.

갑자기 싫어진 사랑은
갑자기 좋아지기도 한다.

갑자기 싫어져
갑자기 떠날 수는 있어도
갑자기 좋아져
갑자기 돌아 올 수는 없다.

사랑은 그 사람이 원하는 것을
해주는 일이야

문자메시지로 사랑한다는 말을 들어본 적 있나요?
문자메시지로 헤어지자는 말 들어본 적 있나요?
너무 좋았고 너무 슬펐던 적 있나요?

남자는 생각했습니다.
'이제는 그녀와 헤어져야겠어.
그녀 때문에 너무 힘들어.
열심히 일했는데 데이트하느라 통장은 텅텅 비었고
모아둔 돈은 없는데 그녀는 언제나 앞서 가기만 해.'
사랑스럽고 귀여웠던 그녀가
어느 순간 고집불통처럼 여겨졌습니다.
그런데 말할 수가 없었습니다.
여전히 자신을 사랑하는 그녀에게
미안했기 때문이었죠.
그녀는 퇴근 후나 주말마다
놀러가자고 보채는데 남자는 모든 게 귀찮아졌습니다.
그래서 그녀가 먼저 약속을 잡기 전에
친구에게 당구 치러 가자고 말해버렸습니다.
친구가 한심한 듯 말했습니다.
"그럼 그냥 헤어지지 그래?"
하지만 그는 그럴 수 없었습니다.
그녀가 상처받는 것이 싫었기 때문이죠.

"나쁜 놈 되기 싫어서 그러다가 정말 나쁜 놈 되는 거야."
여자는 그를 사랑하고 있습니다.
마음 떠난 애인을 진심으로 사랑하는 일이
연애하면서 가장 쉬운 일이기도 합니다.
'보고 싶다'는 문자메시지를 보내놓고 답을 기다립니다.
오 분도 한 시간처럼 길게 느껴질 때가 있습니다.
가끔 답이 오지 않을 때마다
여자는 불안해집니다.
그러던 어느 날 남자가 멀리 출장을 떠났습니다.
여자는 하루를 시작할 때마다
남자에게 전화를 걸었습니다.
"내가 너 있는 곳으로 갈까?"
여자는 매번 물었지만 남자는 대답하지 않았습니다.
여자의 생일날, 남자는
인터넷으로 선물을 사서 택배로 보냈습니다.
여자는 고맙다고 말했지만
즐거울 수 없었습니다.
그녀가 보고 싶은 건 그런 선물 따위가 아니라
그 사람이었으니까요.
남자의 출장은 길었습니다.
징검다리 휴일에도 남자는 여자의 곁으로
단 한 번도 오지 않았습니다.
여자는 생각했습니다.
'그는 내게서 도망친 거야. 그를 놓아주어야 할까.

'오래전부터 알고 있었어.
그의 마음이 조금씩 떠나고 있었다는 것을.'
여자는 잘해주려고 노력했지만
남자는 점점 멀어갔습니다.
가끔 생각해 봅니다.
'멀어진 사람을 사랑하면 더욱 멀어지는 거야.
차라리 뒤돌아서버리면
그 남자가 다시 사랑해주지 않을까.'
"우리 헤어져."
그 말을 한 사람은 여자였습니다.
남자는 조금 놀랐습니다.
잠시 생각해봤습니다.
'시간을 갖자고 하는 것은 어떨까?'
하지만 이내 그는 그러겠다고 했습니다.
그는 속으로 '잘됐다'고 생각했습니다.
그래도 그는 여자의 마음이 쉽게 변하지 않을 테니
그녀가 무슨 말을 해도 휘둘리지 않기로 마음먹었습니다.
여자는 이제 먼저 연락하지 않기로 했습니다.
언젠가부터 그에게서 연락이 오지 않았습니다.
휴대전화 내역을 봐도
모두 발신자는 여자였습니다.
여자는 휴대전화에서 그의 연락처를 지웠습니다.
그가 보낸 마지막 문자 메시지는 작년에 보낸 것으로
'사랑한다' 였습니다.

마음속에 새겨진 추억들을
무엇으로 지워야 할지 몰라
여자는 베갯잇을 적시며 잠드는 밤이 많았습니다.
하지만 이제 그 남자에게 필요한 말은
'사랑한다'가 아니라 '헤어지자'입니다.
남자는 여자를 더 이상 사랑하지 않을 뿐
미워하는 것은 아니었습니다.
여자는 그 남자가 원하는 것을 해주기로 했습니다.
사랑이란 어느 한 사람의 마음이 변하면
무너지는 것입니다.
남자는 훗날
여자가 결혼했다는 소식을 들었습니다.
사실 그 전에 남자는 여자에게 몇 번 연락을 했었습니다.
여자에게서 답이 오지 않았었죠.
그가 사랑이 끝났다고 생각했을 때
사실은 사랑이 조금 식은 것뿐이었어요.
정말 슬퍼한 사람은 남자였습니다.
자신만을 영원히 사랑해줄 것 같던
사람이 떠났다는 것은
이제는 자신을 사랑하지 않는
연인을 떠나는 일보다 훨씬 슬픈 일이기 때문입니다.
지갑속에는 아직도 그녀와 나눠가졌던
커플링이 있답니다.

그가 원하는 이별은 완전히 떠나는 이별이 아니다
우리는 생각보다 이기적이다.
사랑받는 것이 그렇게 즐거운 일이 아닐 수도 있다.
누군가와 헤어지고 싶은 마음이 있다가도
내가 원하는 만큼만 떠나줬으면 하는 생각이 든다.

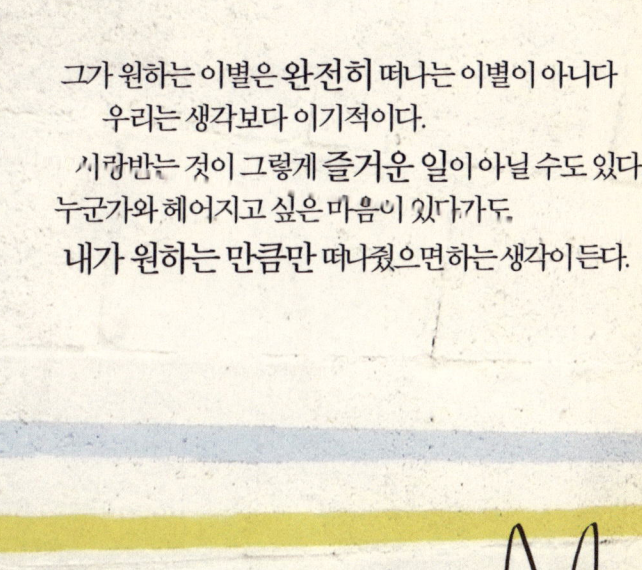

툭하면 생각나는 사람
사랑받으며 이별을 겪었을 때,
마지막까지 사랑의 기억을 남겨준 사람은 살면서
툭툭 생각이 난다. 힘들고 어려울 때, 혼자가 되었을 때,
그사람이 지금 곁에 있다면 얼마나 좋을까 생각하게 된다.
내가 필요할 때만 있어주면 좋겠다는 사람…,
이기적이지만 분명히 있다. 그 런 사 람 … ….

헤어지기 전에 시간을 갖는 이유

간을 갖자는 말을 들어본 적 있나요?
시간을 갖자고 말해본 적 있나요?

"우리 시간을 갖도록 하자."
점점 떠나가는 애인에게 할 수 있는 말입니다.
또한 헤어지려는 애인에게도 할 수 있는 말입니다.
어떤 상황이든 그 말을 듣는 사람은 씁쓸해집니다.
그것은 우리 사이 이제 남이 될 수도 있다는
강한 경고입니다.
연인에게 서로 떨어져 있을 시간을 구하고
그동안 후회하지 않을 선택에 대해 고민합니다.
무엇이 가장 나를 위한 선택일까?
'헤어질까. 참고 노력해볼까.'
하지만 기다리는 사람은 마음이 답답합니다.
확답을 기다리는 시간은 일주일, 길어야 한 달입니다.
그 이상 기다리지 못합니다.
기다리는 사람에게는 피 말리는 시간이기 때문입니다.
이제 더 이상 애인이 될 수도 없고
이것도 저것도 아닌 자신을 참을 수 없습니다.
시간이 길어질수록 이별에 가까워진다고 생각합니다.
그래서 시간을 달라는 사람에게 먼저 연락을 하고 맙니다.
문자도 보내보고 전화도 걸어봅니다.

하지만 답이 없는 경우가 대부분입니다.
아직 충분한 시간이 흐르지 못했기 때문이죠.
'이렇게 애태울 바에는 차라리 그냥 헤어져버리자.'
자기가 연락하고 싶을 때만 연락하고
연락받기 싫을 때 잠수타는 연인이라면
어쩌면 필요 없을 지도 모릅니다.
시간을 갖자는 말을 무엇하러 할까요?
자신을 좋아하는 연인에게 싫어졌다,
헤어지자는 말을 하지 못해
시간을 달라는 말이나 떠나가려는 애인을 조금이라도
더 붙잡아 두고 싶어 하는 말이나 의미가 없습니다.
이대로 헤어지면 완전히 끝이므로
그 끝을 내지 않으려고 시간을 갖습니다.
하지만 사람이 기다릴 수 있는 시간과
그 사랑의 귀중함을 깨닫는 시간은 너무도 다릅니다.
사랑의 귀중함을 깨닫는데는 몇 개월, 몇 년이 걸리는 일이지만
사람이 기다릴 수 있는 시간은
고작 길어야 한달이니까요.

그녀들은 날 떠나 행복을 찾았어

헤어진 그 사람은 행복하게 잘 살고 있는 듯한데
나는 왜 여전히 사랑 속에서 방황 중인지 생각해본 적 있나요?

남자는 입버릇처럼 말했습니다.
"내가 만났던 그녀들은 날 떠나 행복을 찾았어.
여자는 그 말을 마음에 담아두었습니다.
남자는 여자를 만나기 전에 했던
과거에 대해서 솔직하게 털어놓았습니다.
어떤 이와는 청첩장을 찍을 뻔했고
또 어떤 이와는 2년 정도의 만남 끝에
아주 사소한 문제로 헤어졌다고요.

그녀들이 집으로 회사로 찾아와 애걸했지만
모두 모른 척했다고요.
남자는 참 냉정한 사람이었습니다.
한번 마음이 돌아서면 다시는 돌리지 않았습니다.
누가 설득해도 말이죠.
그리고 그녀들이 그립다는 말은 하지 않았습니다.
언제나 그녀들이 마지막에 얼마나 매달렸는지에
대해서 말했습니다.
이런 남자를 사랑한다는 것이
얼마나 위험한 일인지 여자는 아직 몰랐습니다.
그냥 여자는 그녀들과 달라서 특별해서
그의 연인이 되었다고 생각했습니다.
그런데 남자는 아주 사소한 것에도 원칙주의자였습니다.
여자는 점점 남자와 함께 하는 것이
쉽지 않다는 것을 알게 되었습니다.
남자는 화가 나면 함께 있다가도 나가버리고
전화도 받지 않고 잠수를 타버렸습니다.
그리곤 오고 싶을 때 슬쩍 여자에게 다가오고
또 마음대로 가버렸습니다.
여자는 그때 생각했습니다.
'남자를 사랑했던 그녀들은 모두
남자와 헤어지고 행복을 찾았다.
그러니 남자와 함께 하는 동안에는 절대 행복할 수 없다.'
사랑은 커녕 언제나 싸움뿐이었으니까요.

청첩장을 찍었던 그녀는
남자와 헤어지고 6개월 만에 다른 사람과 결혼했고
2년 동안 사귄 여자는
외국으로 유학을 떠나 크게 성공했습니다.
여자는 생각했습니다.
'나도 이 남자와 헤어지면
정말 행복을 찾을 수 있지 않을까.'
여자는 남자와 헤어진 어느 날 알았습니다.
여자들이 남자를 떠나 행복을 찾은 게 아니라
사실 남자는 사랑을 놓쳐 슬퍼하는 것이었습니다.
여자와 싸울 때마다 남자는 이 여자도
자신을 떠날 것이라고 생각한 것입니다.
뒤늦게 후회하고 슬퍼하는 것을
'그녀가 행복을 찾았다'고 생각하는 것입니다.
사실 그녀가 어떤 마음으로
어떻게 사는지는 모르면서 말입니다.
사랑할 때는 사람이 나무고 사랑이 끝나면 사람이 숲입니다.
사랑할 때는 그 사람의 기분이 어떤지
생각이 어떤지 작은 것도 알게 되지만 사랑이 끝나면
그 사람이 그저 아름다웠다고 생각하게 됩니다.
남자는 가장 상처받지 않은 것처럼 굴었지만
스스로 나쁜 남자일 것처럼 굴었지만
사실은 슬퍼했던 것입니다.

에필로그

아무 조건 없이 널 사랑해줄
사람을 찾아

사랑하는 아들 섭에게

부모들은 자식에게 말하지.
좋은 학교에 가고 좋은 직장을 가져서
좋은 배우자를 만나라고.
마치 좋은 학벌을 가지고 좋은 직장을 가지면
좋은 사랑이 저절로 굴러 들어오기라도 하는 것처럼 말이야.
나도 한때 그렇게 믿었어.
누굴 만나도 내 조건부터 말하곤 했지.
한심하게도 정말 환심을 갖는 이들도 있었어.
눈에 보이는 걸 보여주는 건 너무 쉬운 일이니까.
하지만 틀린 생각이야.
우리 애가 공부도 잘하고
직장도 잘 잡아서 사랑스러운 게 아니라
우리 애는 공부는 못하고 직장도 변변찮아도
'그래도 소중하고 사랑스럽다'라고 말하는 것이 맞는 거야.
그러니 누군가에게 자랑이 된다는 것.
좋은 것만은 아니란다.
누군가의 기대를 채워주기 위해 노력하지 말고
너 스스로를 위해 노력하도록 해.

누군가의 기대를 채워주면서 살아가는 동안에는
스스로의 행복을 잊어버리기가 쉬워.
살면서 내가 가진 모든 것을
놓치는 일은 더러 있어.
전부라고 생각했던 직장에서 나와야 하고
지금껏 매진했던 공부가 엉터리일 수도 있지.
어느 날 그렇게 빈털터리가 되었다고 생각해봐.
언제나 너를 빛나게 해주던 조건들을 놓쳤을 때
사람들이 떠나간다는 것을 느낄 때만큼
비참한 것은 없어.
언제나 자신감으로 가득찬 이가
스스로 별것 아닌 존재로 받아들인다는 건
정말 어려운 일이야.
흔히들 부모의 사랑은 무조건적이고
타인과의 사랑은 조건적이라고 해.
부모들은 아무리 못나도 날 사랑해준다고 하고
타인들은 그렇지 않다고 해.
하지만 개인 차는 있어.
모든 부모가 기대에
못 미치는 자식을 사랑하는 건 아니야.
그리고 연인들도 조건과 관계없이 사랑해주는 사람들도 있어.
그러니 누굴 만나더라도
너 하나만 사랑해줄 사람을 찾아.
네가 성공했을 때 박수쳐주는 이보다

네가 힘들고 좌절했을 때
네 눈물을 닦아주는 사람을 만나.
네가 잘 생겨서 네가 머리가 좋아서
너 스스로 그걸 내세워서
더 예쁜 여자를 더 쭉쭉빵빵한 여자를
만나려고 하지 말고
네가 가장 비참해졌을 때도
너를 소중하게 생각하고
믿어줄 그런 사람을 만나.
에이, 그런 사람이 어디 있어.
그런 사람이 세상에 없을 것 같지?
있어.
너 아니면 절대로 안 될 사람.
그 사람이 바로 네가 놓치지 않아야 할 사람이야.
그래서 사랑이 어려운 거야.
기쁨보다도 슬픔을 함께 할 수 있는
그런 사람을 만나.